불교와 기독교의 차이와 다름

연꽃과 포도의
오해와 진실

불교와 기독교의 차이와 다름

연꽃과 포도의
오해와 진실

ⓒ 이상환, 2024

초판 1쇄 발행 2024년 3월 15일

지은이   이상환
펴낸이   이기봉
편집   좋은땅 편집팀
펴낸곳   도서출판 좋은땅
주소   서울특별시 마포구 양화로12길 26 지월드빌딩 (서교동 395-7)
전화   02)374-8616~7
팩스   02)374-8614
이메일   gworldbook@naver.com
홈페이지   www.g-world.co.kr

ISBN   979-11-388-2846-8 (03230)

불교와 기독교의 차이와 다름

연꽃과 포도의
오해와 진실

이상환 지음

좋은땅

차례

프롤로그

불교와 기독교는 진리 주장에 있어서 전혀 다르고 종교의 목적도 전혀 다릅니다. 그런데 평화롭게 공존해야 할 두 종교 사이에는 심각한 갈등이 존재합니다. 그런데 한국 사회에서 두 종교 사이의 갈등은 일반 신도들 사이에서 발생되는 것이 아니라 오히려 종교지도자들과 학자들 사이에서 발생한다는 것이 문제입니다.

필자가 이 책을 집필하게 된 동기는 기독교에 대한 불교 측의 오해와 곡해에 대하여 진실을 밝히기 위해서입니다. 특히 이제열의『불교, 기독교를 논하다』(서울: 모과나무 2017)에 언급되는 기독교에 관한 그의 주장들은 오해로 가득합니다. 그런데 대한불교조계종은 '기독교에 대한 곡해'로 점철된 이 책을 2015년 〈올해의 불서〉로 선정했습니다. 그리고 조계종 교육원장은 이 책을 "불교의 전통을 잇는 회심의 저서"라고 평가했습니다.[1] 즉, 불교 측은 기독교의 진리와 교리를 곡해(曲解)하고 있는 이제열의 주장에 교단차원에서 막강한 권위를 부여했습니다. 사실 필자는 이제열의 주장이 불교계의 통념은 아닐 것이라고 생각했습니다. 그럼에도 불구하고 이제열의 책에 불교지도층이 부여한 권위는 무시할 수가 없

---

1 이제열,『불교 기독교를 논하다』, (서울: 모과나무 2017), 8.

었기에, 기독교에 대한 오해와 진실을 밝히기로 작정한 것입니다. 특히 책의 생명은 역사적이고 장구한 것이기에, 다른 사람들에게 피해를 줄 가능성이 있는 오해와 곡해는 진실로 바로잡아야 한다는 생각을 가지게 된 것입니다.

그래서 이 책은 한국인 모두가 읽었으면 좋겠습니다. 이 책이 재미있 거나 좋은 글이라서 그러한 소망을 갖는 것이 아니라, 우리 한국인들은 불교와 기독교의 차이와 다름을 잘 모른다는 측면에서 하는 말입니다. 즉, 출가자들의 불교와 재가자들의 불교가 다른 것 같고 일반적으로 불 교도들이 불교를 잘 모르는 것 같습니다. 그리고 불교 측의 지도자들은 기독교에 대해서 터무니없는 오해를 하며 혹세무민(惑世誣民)하는 경향 이 있어 보입니다. 그리고 기독교인들도 자신의 종교에 대한 확신이 부 족한 것 같고 쓸데없는 부분에서 배타적인 태도를 보이며 타 종교인들을 불쾌하게 만드는 것 같습니다.

필자는 불교와 기독교는 전혀 다른 종교라고 생각합니다. 그렇지만 이 두 종교가 대한민국의 정신문화를 이끌어 가고 있다는 측면에서, 불교 와 기독교는 대한민국의 품격(品格)을 고취(鼓吹)할 책임이 있다고 생각 합니다. 이러한 맥락에서 필자는 불교도와 기독교도들이 자신의 세계관 이 올바른 것인지, 바르게 이해하고 있는지 점검할 필요가 있다고 생각 했습니다. 그래서 필자는 이 책이 불교와 기독교의 세계관을 바르게 이 해하기 원하는 사람들에게 길잡이가 되기를 바랍니다. 그리고 세계관의 차이와 다름에도 불구하고 두 종교가 협력하며 종교다원적인 대한민국 의 발전과 안녕을 도모하는 일에 도움이 되기를 기대합니다. 마지막으 로 이 책이 한국인에 의한 한국인을 위한 절대적인 도덕률이 세워지고

온 국민이 수긍하고 복종하는 윤리규범을 정립하는 일에 기재가 되기를
소망합니다.

연꽃과 포도의
오해와 진실

Ⅰ. 오해와 진실

1. 모든 종교는 동일한가?

종교사회에는 모든 종교는 동일하다고 주장하는 종교다원주의자들이 있습니다. 그러나 필자는 종교마다 세계관, 인간관, 그리고 내세관이 다르기 때문에 동일한 종교는 없다고 생각합니다. 사실 모든 고등종교의 목적은 서로 다르고 진리체계도 모두 다릅니다. 이를테면 기독교의 종교 목적은 예수 그리스도를 통한 하나님의 인간 구원입니다. 그리고 불교의 종교 목적은 "자기 비움"을 성취하여 모든 번뇌와 고뇌에서 벗어나는 것입니다. 즉, 자기와 자아(自我)에 대한 집착(執着)과 갈애(渴愛)를 버림으로 번뇌로부터의 해탈(解脫)을 이루고 열반(涅槃)을 성취하는 것입니다. 그러나 불교는 생(生)을 행복하고 보람 있게 살기를 원할 뿐 영속시킬 대상으로 삼지는 않습니다.[2] 그리고 이슬람교(Islam)의 종교 목적은 알라에 대한 절대복종(total submission)이고, 유대교의 종교 목적은 하나님과 유대 민족 사이의 언약을 성취하는 것입니다. 또한 공자의 가르침인 유교는 종교라고 말하기보다 위계질서에 순응하는 인재를

---

2   이제열, 『불교 기독교를 논하다』, (서울: 모과나무 2017), 223.

양성하는 정치적인 교육사상으로 생각합니다. 사실 이러한 종교 목적의 근거가 되는 세계관, 가치관, 존재론, 인식론 등 모든 분야의 진리 주장이 종교마다 다릅니다.

그러나 우리 한국인들은 지난 2천 년 동안 세계에 유래가 드문 종교다원적인 문화 속에서 살아왔습니다. 즉, 한국인들은 종교의 다름을 인정하면서도 그 종교들의 가르침에서 좋은 것은 취하고 싫은 것은 버리는 삶의 지혜를 통하여 문화와 전통을 일구어 왔습니다. 이러한 필자의 생각은 구한말 우리나라에서 활동했던 감리교 선교사, 존스(G. H. Jones)의 선교 보고서에 잘 나타나 있습니다.

> 이론적으로 한국인들은 유교, 불교, 무속신앙의 세 형식을 구분하지만 실제적으로는 이들의 혼합된 가르침을 마음에 지니고, 결국 이들 셋을 모두 믿고 있다. 한국인은 유교적으로 교육을 받고, 자손을 빌려 불교에 부인을 보내는가 하면, 병이 나면 무당이나 판수를 찾는다. 그리고 세 종교의 연합된 도움으로 행복에 이른다.[3]

또 헐버트(H. B. Hulbert) 선교사도 비슷한 선교 보고서를 제출한 바가 있습니다.

---

3   김종서, "현대 종교다원주의와 그 한국적 독특성 연구" 서울대종교학연구회. 2000.

연꽃과 포도의
        오해와 진실

논리적인 점에서 보면 한국인들이 신봉하는 여러 가지
의 상이한 의식들은 서로 상충된다. 그러나 한국인의 내
적인 면에서는 서로에게 아무런 적의를 느끼지 않으며
오히려 수세기에 걸쳐 서로가 익숙하여지는 동안에 하
나의 종교적인 습합(習合)들을 이루었다. 그래서 한국인
들은 종교 간의 습합으로 형성된 요소들 중에서 자기가
좋아하는 것은 취하고, 나머지에 대해서는 아무런 멸시
의 감정을 느끼지 않으며 상관치 않는다. 일반적으로 말
해서 한국인들은 사회적으로는 유교도이고 철학적으로
는 불교도이며 고난을 당할 때에는 정령 숭배자이다.[4]

필자는 선교사들의 이러한 판단은 지금도 올바르고 유효하다고 생각
합니다. 사실 종교다원주의가 만들어 낸 "혼합주의적 사고방식"은 사회
속에서만 용인되는 것이 아니라 모든 한국인의 마음에 자연스레 깊게 심
어져 있습니다. 그리고 대부분의 그리스도인들을 포함하는 한국인들은
대체로 그것을 모순이라고 생각지 않습니다. 그러므로 '모든 종교는 동
일하다'는 종교다원주의 논쟁은 종교지도자들과 학자들의 문제이지 일
반 한국인들의 문제가 아니라고 생각하는 것입니다.
그래서 필자는 모든 종교는 동일한 것이 아니라 서로 다르다고 생각합
니다. 이러한 필자의 종교 이해는 다음에 인용하는 옥스퍼드 대학의 힌

---

4   Hulbert, H.B, 『대한제국 멸망사』, 신복룡 역(서울: 평민사, 1984), 388.

두교 출신 동방종교학 교수, 재너(Zener)의 말에 함축되어 있습니다.

> 오늘날 흔히 말하는 바와 같이 종교는 모두 동일한 목표
> 에 이르게 하는 다른 길들일 뿐이라고 주장하는 것은 올
> 바르지 않다. 교리적인 면에서뿐만 아니라 신비적인 차
> 원에서도 전혀 일치되지 않는다. 동방과 서방의 사상에
> 있어서 기본적인 원리들은 내가 비타협적으로 대립되어
> 있다고 말하지 않아도 될 만큼 실상이 그러하다. 그것들
> 은 동일한 전제들로부터 시작하지도 않는다. 유일한 공
> 통점은 종교의 기능이 구원을 제공하는 것이라는 데 있
> 지만, 인간이 무엇으로부터 구원을 받아야 하는가에 대
> 해서 일치하는 바가 전혀 없다.[5]

그래서 필자는 모든 종교는 동일하다는 종교다원주의 신학의 주장에
동의하지 않으며, 오히려 '연꽃은 연꽃이고 포도는 포도다.'라는 이제열
의 통찰에 전적으로 동의합니다.[6]

---

5 Collin Chapman, 『삶의 문제 해결을 위한 기독교적 답변』, 한상식 역(서울: 나침반, 2001),
   173.
6 이제열, 『불교 기독교를 논하다』, (서울: 모과나무 2017), 13.

2. 성경과 불경에 대한 오해와 진실

1) 성경

　불교 측은 기독교의 경전 "성경"에 대하여 오해하는 측면이 많습니다. 『불교 기독교를 논하다』의 저자 이제열은 "성경"을 "무지가 만들어 낸 기록"이라고 말합니다. 그리고 "성경"에 기록된 이적과 기적을 믿는 것은 "미혹에 떨어지는 지름길"이라고 말합니다. 또 "성경"에 기록된 예수 그리스도의 가르침을 모두 "존재에 대한 결박"으로 규정하고 있습니다.[7]

　그러나 기독교인들은 성경책을 하나님의 진리와 법도가 기록된 신(神)적인 문헌(文獻)이며 오류가 없다고 믿습니다. 그리고 기독교는 "성경"을 읽고 배우면 구원에 이르는 지혜와 하나님의 사람으로서 갖추어야 할 선한 능력을 얻게 된다고 믿습니다. 이와 같은 기독교인들의 "성경"에 대한 믿음은 사도바울의 가르침에 근거를 두고 있습니다.

> 또 어려서부터 성경을 알았나니 성경은 능히 너로 하여금 그리스도 예수 안에 있는 믿음으로 말미암아 구원에 이르는 지혜가 있게 하느니라 모든 성경은 하나님의 감동으로 된 것으로 교훈과 책망과 바르게 함과 의로 교육하기에 유익하니 이는 하나님의 사람으로 온전하게 하

7　이제열, 『불교 기독교를 논하다』, (서울: 모과나무 2017), 231.

며 모든 선한 일을 행할 능력을 갖추게 하려 함이라(디모
데후서 3:16~17)

그리고 이러한 사도 바울의 가르침은 예수 그리스도의 말씀으로 확증
되며, 이 말씀 속의 '율법'은 하나님의 말씀과 법도를 의미합니다.

> 내가 율법이나 선지자를 폐하러 온 줄로 생각하지 말라
> 폐하러 온 것이 아니요 완전하게 하려 함이라 진실로 너
> 희에게 이르노니 천지가 없어지기 전에는 율법의 일점
> 일획도 결코 없어지지 아니하고 다 이루리라 그러므로
> 누구든지 이 계명 중의 지극히 작은 것 하나라도 버리고
> 또 그같이 사람을 가르치는 자는 천국에서 지극히 작다
> 일컬음을 받을 것이요 누구든지 이를 행하며 가르치는
> 자는 천국에서 크다 일컬음을 받으리라(마태복음 5:17-
> 19)

그러므로 기독교인들의 예수 그리스도에 대한 믿음은 인간의 설법(說
法)이 아니라 "성경"의 말씀에 근거를 두고 있습니다. 기독교는 "성경"의
말씀으로 증거되지 않는 인간의 말들은 모두 교설(巧舌)에 불과한 것으
로 간주합니다.

따라서 "성경"은 불교가 말하듯 '인간의 무지가 만들어 낸 기록'이 아
니고 하나님의 감동으로 하나님의 뜻을 담은 진리의 책입니다. 즉, "성
경"은 '미혹에 떨어지는 지름길'을 가르치는 책이 아니고 선한 일을 할

수 있는 능력을 갖추게 하는 책입니다. 또 "성경"은 '존재를 결박하는 책' 이 아니라 인간을 죄로부터 해방시키는 구원의 지혜를 알게 하는 책입니다. 또한 "성경"은 하나님의 사람으로 온전하게 하는 교훈과 책망과 바르게 함과 의로 교육하기에 유익한 책입니다. 즉, 기독교인들은 성경책에서 다음과 같은 진리와 지식, 그리고 지혜를 얻습니다.

첫째, 그리스도인들은 "성경"을 통하여 여호와 하나님을 만나고 천지와 만물이 하나님에 의해 창조되었음을 알게 됩니다. 그리고 "성경"을 통하여 인간의 본성이 타락하여 악하게 된 이유를 알게 되고 예수 그리스도를 믿는 믿음 안에서 구원을 받을 수 있다는 진리를 깨닫게 됩니다.

둘째, 그리스도인들은 "성경"을 통하여 인간이 갖추어야 할 덕목, 피해야 하는 죄, 지켜야 할 윤리적 규범과 자유에 대한 책임을 배웁니다. 그리고 인간은 누구나 한 번은 죽고 죽은 후에는 심판이 있으며, 그 심판은 영생과 영벌의 엄중한 심판이라는 것을 알게 됩니다.

셋째, 그리스도인들은 자연세계와 인류공동체를 통치하시는 하나님의 섭리를 깨닫고, 창조세계의 지속적인 발전을 위한 학문적 탐구의 필요성을 깨닫습니다. 그래서 "성경"에서 발견되는 창조-타락-구속이라는 진리는 인류사회의 모든 지식과 사유의 철학적 근거가 되고 과학적 탐구의 목표가 된다는 것을 알게 됩니다.

그리고 참으로 다행스러운 일은 인간의 삶과 신앙을 올바르게 인도해 주는 책 "성경"은 누구나 쉽게 구하여 읽을 수 있다는 사실입니다. 특히 "성경"은 대부분 그 나라와 민족의 언어로 번역되어 있어서 누구나 그 뜻을 이해할 수 있고 모든 사람의 질문과 비판에 열려 있습니다. 즉, "성경" 의 내용이 자기의 생각과 다르거나 이해가 가지 않는 점에 대해서는 질문하거나 비판할 수 있습니다. 그러나 필자는 "성경"을 읽는 사람들이 인식론적인 오류를 저지르지 않기를 바랍니다. 그래서 "성경"을 대할 때 독자들이 피해야 할 인식론적 오류 몇 가지는 다음과 같이 정리했습니다.

첫째, "성경"에 담긴 이야기들을 대할 때 그 속에 담긴 '하나님의 선함'과 '인간의 악함'을 구별하며 읽어야 합니다. 그 이유는 "성경"에 기록된 인간의 악함을 하나님의 책임으로 전가시키는 오류를 범하기 때문입니다. 둘째, "성경"에 대한 자기의 해석이나 이해를 완전하고 충분하며 객관적인 것이라고 주장하는 오류를 범하지 않아야 합니다. 왜냐하면 "토기장이가 진흙 한 덩이로 하나는 귀히 쓸 그릇을, 하나는 천히 쓸 그릇을 만들 권한이 없느냐"(롬 9:21)라는 말씀처럼 인간은 결코 하나님의 뜻을 완전히 알 수 없기에 그렇습니다. 또 하나님의 진리에 근거하지 않은 인간의 선악 간 판단은 언제나 악한 결과를 낳기 때문입니다. 셋째, "성경"을 자기 마음에 감동과 유익을 주는 방향으로 제멋대로 해석하지 않아야 합니다. 성경을 마음에 맞는 방향으로 해석하는 사람들은 일반적으로 객관적이고 절대적인 진리를 인정하지 않으며, 모든 진리와 지식은 주관적인 동시에 상대적이라는 도구주의적인 입장을 견지합니다. 필자는 근본주의자들과 이단자들이 이러한 위험에 노출되어 있다고 생각합니다.

사실 교회의 전통적인 가르침은 성경을 사사로이 해석하지 말고 성경을 해석할 때는 성경의 말씀들 안에서 해석해야 한다고 가르칩니다. 그러나 사람들은 "성경"이 가르치는 인식론적 지침을 무시하고 자의(自意)로 말씀을 해석하는 경우가 많습니다. 필자는 이러한 인식론적 오류를 매우 위험한 문제로 생각합니다. 왜냐하면 "성경"을 읽으며 벗어나야 할 죄를 오히려 "성경"을 읽으면서 더 크게 짊어지는 일이 발생하기 때문입니다. 따라서 필자는 "성경"을 읽고 묵상하는 사람들에게 인간의 악함을 빌미로 하나님을 욕하는 잘못을 저지르지 않기를 바랍니다. 그리고 인간의 악함을 보면서 자기의 마음이 완악하게 되어 구원의 주 예수 그리스도의 복음을 거부하는 어리석음을 저지르지 않기를 바랍니다.

"성경"에 관한 필자의 믿음을 정리하자면, "성경"은 세계 26억 기독교인의 신앙과 삶을 인도하며 구원의 진리와 지혜를 가르쳐 주는 '거룩한 책'입니다. 그러므로 "성경"은 이제열의 말처럼 '무지가 만들어 낸 기록'이 아니고, '인간을 미혹으로 이끄는 지름길'을 가르치는 책이 아닙니다. 또한 "성경"은 '존재를 결박하는 가르침'이 아니고 오히려 인간을 죄로부터 자유롭게 하고 선한 일을 하며 살게 하려는 하나님의 사랑과 진리를 가르치는 책입니다. 이와 같은 의미와 목적을 지니고 있는 기독교의 경전, "성경"은 37권의 '구약(舊約)성경'과 29권의 '신약(新約)성경'으로 구성되어 있습니다. '구약성경'은 성부 하나님 여호와의 역사와 약속의 말씀들이 기록되어 있습니다. 그리고 '신약성경'에는 성자 하나님 예수 그리스도의 인간의 죄를 대속하시는 구원의 이야기와 역사의 종말과 심판에 대한 약속을 담고 있습니다. 또한 '신약성경'에는 성령의 인도를 받으며 예수 그리스도의 구주(救主) 되심을 증거하는 사도들의 편지들이 수록되어 있습니다. 기독교는 이러한 66권의 성경을 '정경'으로 인정합니다.[8] 그리고 이러한 "성경"의 권위는 예수 그리스도의 말씀에 근거를 두

---

8 가톨릭 교회가 인정하는 "성경"의 범위는 개신교 교회가 인정하지 않는 몇 가지 '외경'을 포함하고 있습니다. 그러나 여기에서의 논의는 생략합니다.

고 있습니다.

> 내가 율법이나 선지자를 폐하러 온 줄로 생각하지 말라
> 폐하러 온 것이 아니요 완전하게 하려 함이라 진실로 너
> 희에게 이르노니 천지가 없어지기 전에는 율법의 일점일
> 획도 결코 없어지지 아니하고 다 이루리라 그러므로 누
> 구든지 이 계명 중의 지극히 작은 것 하나라도 버리고 또
> 그같이 사람을 가르치는 자는 천국에서 지극히 작다 일
> 컬음을 받을 것이요 누구든지 이를 행하며 가르치는 자
> 는 천국에서 크다 일컬음을 받으리라(마태복음 5:17-19)

따라서 "성경"을 믿지 않으려는 태도는 안타까워도 탓할 수 없지만 "성경"을 폄훼하는 생각과 말은 조심해야 한다고 생각합니다.

2) 불경

석가모니는 자신의 가르침을 글로 남기지 않았고 직접 말로써 가르쳤습니다. 그러나 석가모니가 입멸한 400년 후, 즉, BC 2세기경, 인도의 아쇼카 왕 시대부터 9세기에 이를 때 까지 많은 불경들이 만들어졌다고 합니다. 그래서 파키스탄과 아프가니스탄, 그리고 간다라 지역에서 발견된 불경들의 연대는 대체로 기원전 2세기로 추정된다고 합니다. 불경은 크게 구별하여 경(經)과 율(律), 그리고 논(論)의 삼장(三藏)으로 구성되어 있습니다. 경(經)은 부처님의 말씀 또는 가르침이고 율(律)은 부처

님의 제자들이 지켜야 규칙과 의식 등에 관한 설명들입니다. 그리고 논(論)은 경(經)과 율(律)에 대한 주석과 해석들이라고 합니다. 그리고 불경 중에는 부처님으로부터 직접 들은 내용이 기록된 것이 있는가 하면 후대에 부처님의 진리를 깨달은 선사들이 지은 경전도 있다고 합니다. 이런 전승 때문인지 불경은 대체로 "이와 같이 나는 들었다(如是我聞)"는 말로 시작된다고 합니다. 그래서 불경은 영감과 계시의 말씀이 아니라 인간 스스로의 노력에 의해 증명된 인간의 말들이고, 우주와 인간의 기원이나 역사 그리고 미래를 다루는 말씀이 아니라 인간의 괴로움을 해결하기 위한 책이라고 합니다. 그래서 불교는 불경들을 집대성하여 '대장경'이라고 부릅니다. 한국의 불교가 편찬한 팔만대장경은 팔만사천가지 법문으로 구성되어 있고, 그 모든 법문의 핵심은 "무아(無我), 즉 나라고 할 만한 것이 없다"는 한 단어로 요약된다고 합니다.[9]

그리고 불교는 자신을 신격화 시키지 말라고 한 석가모니의 당부를 위배했습니다. 즉, 석가모니 부처는 분명히 인간이고 아내와 자식을 둔 샤카족의 왕자로서 80세 정도를 살다가 죽은 사람인데, 후대의 불교는 그를 신격화시키고 있습니다.

> 나는 범왕(梵王)이며, 대범천왕(大梵天王)입니다. 나를
> 만든 자는 없으며, 나는 스스로 있게 되었고(自存, 自在)
> 이어 받은 것도 없다. 나는 능히 만물을 만들 수 있으며

---

9   중현, 『불교를 안다는 것 불교를 한다는 것』, (서울: 불광출판사, 2021), 016.

… 그때 이 천하는 아주 깜깜해서 해, 달, 별과 밤낮이 없었고 또 세월과 4계절이 없었다[장30⑫].

불경의 이와 같은 이야기는 "성경"에 기록된 하나님의 천지창조 이야기와 '나는 스스로 있는 자'라는 하나님의 '자기계시'에 대한 이야기 패턴이 비슷합니다. 그래서 김중영은 그의 『불교와 기독교를 해부한다』에서 불교의 '세시경'이 창세기를 모방하였다고 주장합니다. 그래서 "성경"의 천지창조에 관한 말씀을 아래에 옮겼습니다.

태초에 하나님이 천지를 창조하시니라(창세기 1:1) 땅이 혼돈하고 공허하며 흑암이 깊음 위에 있고 하나님의 영은 수면 위에 운행하시니라(창세기 1:2) … 하나님이 이르시되 하늘의 궁창에 광명체들이 있어 낮과 밤을 나뉘게 하고 그것들로 징조와 계절과 날과 해를 이루게 하라(창세기 1:14)

하나님이 모세에게 이르시되 나는 스스로 있는 자이니라 또 이르시되 너는 이스라엘 자손에게 이같이 이르기를 스스로 있는 자가 나를 너희에게 보내셨다 하라(출애굽기 3:14)

이외에도 불경에 인용된 성격적 모티브는 다수 발견되며, 거기에는 합리적으로 의심할 만한 역사적인 사실들이 함께 있습니다. 특히 AD 1세기, 초대교회 사도들의 목숨을 건 선교활동이 불교와 조우했을 것입니다. 사도 바울과 베드로의 복음 전도는 예루살렘과 소아시아 그리고 유럽 전역에서 이루어졌지만, 예수 그리스도의 승천 2년 후 사도 도마의 선교는 동방, 즉 인도와 그 밖의 지역에서 이루어졌습니다. 도마의 인도 선교에 대해서는 3세기의 주교 도로테우스(Dorotheus)가 증언했습니다. 즉, 사도 도마는 팔라비인 · 메디아인 · 페르시아인 · 루만인 · 박트리아인 · 마기인들에게 복음을 전한 후 인도의 카라미나(Caramina)에서 순교하였다는 것입니다. 그리고 1세기와 2세기에 대승불교인들은 인도의 서북부 실크로드를 따라 지금의 파키스탄과 아프가니스탄까지 포교의 영역을 넓혔습니다. 그 당시 불교는 그리스로마의 신전문화의 영향을 받고 불탑과 불상을 만들고 그 앞에서 예배를 드렸습니다. 즉, 불상들이 그리스 신전의 신상을 모방하여 만들어지고 보신불, 화신불, 미륵불 따위의 사상과 관세음보살이라는 개념도 생겨났습니다. 그뿐 아니라 극락정토라는 천국사상도 불교에 생겨났습니다. 즉, "성경"의 천국과 지옥에 대한 가르침을 접하고 극락정토와 육도윤회에 대한 개념을 힌두교로부터 차용했을 것입니다. 그 결과 불교에서 석가모니의 감화는 점점 약해지고 석가모니가 금지했던 불상 또는 신상을 숭배하는 행위가 왕성해지며 불교는 우상을 숭배하는 종교로 변했습니다.

이러한 역사적인 정황을 참고할 때 당시의 대승불교인들이 "성경"과 기독교 전승의 영향을 받았을 것이라는 의심을 하지 않을 수가 없습니다. 특히 불경의 범본(梵本: 산스크리트어본)을 한역(韓譯)한 번역자들이 모두 대승불교의 교도이고 모두 서북인도지방 출신이므로 기독교의 영향을 받았을 것이라는 개연성을 더욱 높여 줍니다. 대승불교의 전도

활동은 북부인도 혹은 서역으로 이해되지만, 그 지역은 지금의 파키스탄 아프가니스탄, 서장(西藏)의 서방, 카슈밀의 북방, 중앙아시아의 남부 등입니다. 그리고 이 지역은 모두 대승불교와 정토종을 산출한 지역이므로 기독교의 영향을 피해갈 수는 없었을 것이라고 생각합니다. 따라서 불경에는 "성경"을 모방한 부분이 많다는 김중영의 연구에 대하여 필자는 같은 관점을 가지는 것입니다.

사실 불교는 진리의 보편성을 주장합니다. 즉, 불교의 진리는 불교만의 독창적인 것이 아니라 이미 세상에 널리 퍼져 있는 보편적인 진리라는 것입니다. 그래서인지 불교의 붓다는 진리의 보편성을 "옛 성의 비유"라는 이야기를 통해 설명했습니다. 이 비유는 말로만 듣던 숲속에 감추어진 옛 성을 찾아가 보니 그 성으로 가는 길에는 이미 많은 선인들의 발자취가 있었다는 이야기입니다. 필자는 이 비유를 읽으면서 의미를 유추해 보았습니다. 그것은 붓다가 고민하던 모든 괴로움의 원인과 해결책이 이미 히브리인의 신앙과 전승에 다 나와 있더라는 고백은 아니었을까, 그런 생각을 하게 된 것입니다. 왜냐하면 오늘날에도 불교의 식자(識者)들은 기독교의 진리 주장을 비판하기 위해 또 불교의 진리 주장을 옹호하기 위해 "성경"을 인용하고 있기 때문입니다.

3. 여호와 하나님은 누구신가?

불교 측은 기독교의 여호와 하나님을 '아집과 탐욕과 분노 등 온갖 번뇌에 휩싸여 살생과 투쟁을 업으로 살아가고 있는 아수라 같은 존재'라고 말합니다. 조계종과 불교출판문화협회에서 2015년 〈올해의 불서〉로 선정한 『불교 기독교를 논하다』에는 여호와 하나님을 '아수라와 같은 존재'로 기록하고 있습니다. 그 이유는 자신이 창조한 나약하기 그지없는 인간을 향해서는 살인하지 말라고 명령하면서 자신은 마음대로 인간을 죽이고 그도 모자라 지옥에 떨어뜨리는 신(神)이기 때문이라고 합니다. 또 여호와는 자신을 위해 인간을 사랑하는 것일 뿐, 인간과 인간 사이의 사랑도 자신이 배제되면 죄악이라고 한다는 것입니다. 그리고 자기의 마음에 맞지 않으면 가차 없이 죽음을 내리는 심성을 가졌으니 아수라와 다를 바 없지 않느냐는 것입니다.[10] 필자는 전 세계 26억의 기독교인이 믿고 의지하는 여호와 하나님의 성품을 아수라(阿修羅)와 같은 존재에 비유하는 불교 측의 이러한 무례를 매우 안타깝게 생각합니다. 그래서 필자는 이 기회에 일반대중을 위하여 기독교인들이 믿는 여호와 하나님의 본성과 성품 및 권능에 대한 진실을 "성경"을 근거로 분명하게 밝혀 두고자 합니다.

첫째, 여호와 하나님의 본성은 "사랑"입니다. 하나님의 사랑은 아버지로서의 부정(父情)이며(롬 5:8), 어머니로서의 모정(母情)이십니다(사 66:13). 하나님의 사랑은 온 인류와 세상을 향한 완전하고 부족함이 없는 사랑입니다. 그러나 기독교인들이 잊지 않아야 할 것은, 내가 먼저 하나님을 사랑한 것이 아니라 하나님께서 나를 먼저 사랑하셨다(요

---

10   이제열, 『불교 기독교를 논하다』, (서울: 모과나무 2017), 112.

4:10)는 진리입니다. 나를 향한 하나님의 사랑은 내가 태어나기 전부터 또 내가 하나님을 알기 전부터 예비되어 있었습니다. 하나님은 독생자 예수 그리스도의 생명을 인간의 죄를 대속하는 속죄의 제물로 내어주셨습니다. 그래서 사도 바울은 "우리가 아직 죄인 되었을 때에 그리스도께서 우리를 위하여 죽으심으로 하나님께서 우리에 대한 자기의 사랑을 확증하셨느니라"(롬 5:8)라고 증언했습니다. 그러므로 하나님의 인간에 대한 사랑은 인간의 어떤 수행이나 공덕과 상관이 있는 것이 아니라 오직 하나님 편에서 인간을 사랑하사 베푸시는 은혜인 것입니다. 그래서 "성경"은 "너희는 그 은혜에 의하여 믿음으로 말미암아 구원을 받았으니 이것은 너희에게서 난 것이 아니요 하나님의 선물이라 행위에서 난 것이 아니니 이는 누구든지 자랑하지 못하게 함이라"(엡 2:8~9)라고 가르칩니다.

둘째, 하나님의 성품은 거룩하시고 선(善)하며 자기를 사랑하는 자를 사랑하시고 복 주시기를 원하십니다.

> 나를 사랑하는 자들이 나의 사랑을 입으며 나를 간절히 찾는 자가 나를 만날 것이니라 부귀가 내게 있고 장구한 재물과 공의도 그러하니라 내 열매는 금이나 정금보다 나으며 내 소득은 순은보다 나으니라 나는 정의로운 길로 행하며 공의로운 길 가운데로 다니나니 이는 나를 사랑하는 자가 재물을 얻어서 그 곳간에 채우게 하려 함이니라(잠언 8:17~21)

그리고 여호와 하나님의 인자와 자비는 악인마저도 회개하고 구원받기를 원하십니다.

> 너는 그들에게 말하라 주 여호와의 말씀이니라 나의 삶을 두고 맹세하노니 나는 악인이 죽는 것을 기뻐하지 아니하고 악인이 그의 길에서 돌이켜 떠나 사는 것을 기뻐하노라 이스라엘 족속아 돌이키고 돌이키라 너희 악한 길에서 떠나라 어찌 죽고자 하느냐 하셨다 하라(에스겔 33:11)

그러나 여호와 하나님은 자기의 이름을 경홀히 부르는 자와 대적하는 자에게는 진노하시는 인격적인 신(神)이십니다. "성경"은 여호와 하나님의 진노가 얼마나 엄중하고 두려운 것인지 '소돔과 고모라 성읍의 멸망 이야기'(창 19:24-25), '노아의 홍수로 인한 인류의 멸망'(창 6장, 7장), 그리고 가나안 땅 일곱 족속을 진멸시키는 이야기로 가르칩니다(신 7장).

1) 소돔과 고모라의 멸망은 그 성읍이 성적으로 타락했기 때문에 하나님이 유황과 불을 쏟아부어 멸망시킨 사건입니다(창19:24-25). 성서학자들의 연구에 따르면 소돔과 고모라에는 근친상간, 동성애, 집단적인 혼음, 그리고 짐승과의 교접하는 행위들이 많았다고 합니다. 따라서 "성경"을 읽는 사람이 소돔과 고모라가 멸망한 이야기를 통하여 깨달아야 할 것은 도덕적으로 또 성적으로 타락한 사회는 하나님께서 멸망시킨다

는 진리입니다.

2) '노아의 홍수' 이야기는 하나님의 권능이 얼마나 광대한지, 그리고 인간의 죄악에 대한 하나님이 심판이 얼마나 엄중한지 가르쳐 줍니다. 아담으로부터 노아에 이르기까지 "성경"을 근거로 연대를 만들어 보면 모든 인간의 수명이 '노아의 홍수'에서 끝이 납니다. 그리고 공중의 새들과 땅위를 기어 다니며 호흡하는 생명체들이 모두 노아의 홍수에서 죽었습니다. '노아의 홍수'로 전해지는 이 이야기는 인간의 죄악을 심판하는 하나님의 권능이 얼마나 크고 엄중한지 깨닫게 해 줍니다.

그런데 왜 하나님은 노아의 가족 8명과 흠이 없는 짐승들 암수만 골라서 보존하셨을까요? "성경"에 기록된 '노아의 홍수 이야기'에 그 대답이 들어 있습니다.

> 여호와께서 사람의 죄악이 세상에 가득함과 그의 마음으로 생각하는 모든 계획이 항상 악할 뿐임을 보시고 땅 위에 사람 지으셨음을 한탄하사 마음에 근심하시고 이르시되 내가 창조한 사람을 내가 지면에서 쓸어버리되 사람으로부터 가축과 기는 것과 공중의 새까지 그리하리니 이는 내가 그것들을 지었음을 한탄함이니라 하시니라(창세기 6:5-7) … 하나님이 노아에게 이르시되 모든 혈육 있는 자의 포악함이 땅에 가득하므로 그 끝 날이 내 앞에 이르렀으니 내가 그들을 땅과 함께 멸하리라(창세기 6:13) … 그러나 너와는 내가 내 언약을 세우리니 너

는 네 아들들과 네 아내와 네 며느리들과 함께 그 방주로 들어가고 혈육 있는 모든 생물을 너는 각기 암수 한 쌍씩 방주로 이끌어 들여 너와 함께 생명을 보존하게 하되 새가 그 종류대로, 가축이 그 종류대로, 땅에 기는 모든 것이 그 종류대로 각기 둘씩 네게로 나아오리니 그 생명을 보존하게 하라(창세기 6:18-20) … 지금부터 칠 일이면 내가 사십 주야를 땅에 비를 내려 내가 지은 모든 생물을 지면에서 쓸어버리리라(창세기 7:4) … 곧 그 날에 노아와 그의 아들 셈, 함, 야벳과 노아의 아내와 세 며느리가 다 방주로 들어갔고 그들과 모든 들짐승이 그 종류대로, 모든 가축이 그 종류대로, 땅에 기는 모든 것이 그 종류대로, 모든 새가 그 종류대로 무릇 생명의 기운이 있는 육체가 둘씩 노아에게 나아와 방주로 들어갔으니 들어간 것들은 모든 것의 암수라 하나님이 그에게 명하신 대로 들어가매 여호와께서 그를 들여보내고 문을 닫으시니라 홍수가 땅에 사십 일 동안 계속된지라 물이 많아져 방주가 땅에서 떠올랐고(창세기 7:16-17)… 땅 위에 움직이는 생물이 다 죽었으니 곧 새와 가축과 들짐승과 땅에 기는 모든 것과 모든 사람이라(창세기 7:21) … 물이 백오십 일을 땅에 넘쳤더라(창세기 7:24)

이러한 '노아의 홍수 이야기'를 통하여 인간이 깨달아야 할 진리는 세 가지입니다. 그것은 첫째, 하나님의 권능이 무한하다는 것입니다. 둘째,

세상에 죄악이 가득해지면 하나님이 세상을 심판하신다는 것입니다. 셋째, 하나님은 세상과 인간을 사랑하사 이 세상의 역사를 새롭게 시작하시는 '종말의 때'가 오기까지 보존되기를 원하신다는 진리입니다. 즉, 하나님은 큰 홍수로 인간의 죄악을 심판 하셨지만 그와 동시에 보존해야 할 인간과 짐승을 모두 방주에 들어가게 하고 그 '방주의 문'을 직접 닫아 주신 것입니다(창세기 7:16).

3) 하나님은 왜 가나안 땅의 일곱 족속을 쫓아내고 진멸시키라고 했을까요? 그 이유는 그들이 여호와를 대적하고 다른 신을 섬기며 도덕적으로 타락한 족속이고 그들이 이스라엘 민족에게 끼칠 해악을 아시기 때문에 그 악한 영향력을 미리 막아 주신 것입니다.

> 네 하나님 여호와께서 너를 인도하사 네가 가서 차지할 땅으로 들이시고 네 앞에서 여러 민족 헷 족속과 기르가스 족속과 아모리 족속과 가나안 족속과 브리스 족속과 히위 족속과 여부스 족속 곧 너보다 많고 힘이 센 일곱 족속을 쫓아내실 때에 네 하나님 여호와께서 그들을 네게 넘겨 네게 치게 하시리니 그 때에 너는 그들을 진멸할 것이라 그들과 어떤 언약도 하지 말 것이요 그들을 불쌍히 여기지도 말 것이며 또 그들과 혼인하지도 말지니 네 딸을 그들의 아들에게 주지 말 것이요 그들의 딸도 네 며느리로 삼지 말 것은 그가 네 아들을 유혹하여 그가 여호와를 떠나고 다른 신들을 섬기게 하므로 여호와께서 너희

에게 진노하사 갑자기 너희를 멸하실 것임이니라 오직
너희가 그들에게 행할 것은 이러하니 그들의 제단을 헐
며 주상을 깨뜨리며 아세라 목상을 찍으며 조각한 우상
들을 불사를 것이니라(신명기 7:1~5)

그러므로 "성경"을 읽는 사람은 가나안 땅 일곱 족속을 진멸시키라는
하나님의 명령을 대할 때, 하나님을 미워하는 자와 하나님의 말씀을 왜
곡하는 인간들의 죄는 하나님이 반드시 보응하신다는 진리를 가슴에 새
겨두어야 합니다.

그런즉 너는 알라 오직 네 하나님 여호와는 하나님이시
요 신실하신 하나님이시라 그를 사랑하고 그의 계명을
지키는 자에게는 천 대까지 그의 언약을 이행하시며 인
애를 베푸시되 그를 미워하는 자에게는 당장에 보응하
여 멸하시나니 여호와는 자기를 미워하는 자에게 지체
하지 아니하시고 당장에 그에게 보응하시느니라(신명
기 7:9~10)

그리고 "성경"을 읽는 사람들이 특별히 유념해야 할 사항 한 가지가 있
습니다. 그것은 "성경" 속에 담긴 모든 이야기들은 자기의 백성을 죄로
부터 구원하셔서 복 되게 살도록 만드시려는 하나님의 선한 뜻과 그러
한 하나님의 뜻에 순종하지 않으려는 인간의 악한 생각과 행동을 구별하
며 읽어야 한다는 것입니다. 예를 들어, 신약성경에는 유대 왕 헤롯이 예

수 그리스도의 탄생에 즈음하여 베들레헴 인근에서 태어난 두 살 이하 사내아이들을 모두 죽인 사건이 기록되어 있습니다(마 2:16). 불교 측은 그 이야기를 인용하여 "예수로 인한 어린 생명들의 희생"[11]이라고 비난합니다. 그들은 하나님이 전능하시다면 그처럼 잔혹한 사건은 미리 방지해 주었어야 하지 않는가, 그렇게 비난합니다. 그러나 필자는 그와 같은 성경해석이 전형적인 '인식론적 오류'라고 생각합니다. 왜냐하면 이 사건에는 인간을 죄로부터 구원하시려고 유일한 독생자 예수 그리스도의 생명을 내어주시는 하나님의 극진한 사랑과 그러한 하나님을 대적하는 인간 헤롯의 악행이 대립하고 있는 것이기 때문입니다. 즉, 아기들의 죽음은 인간 헤롯이 저지른 죄악이지 하나님의 책임은 아니라는 말입니다.

다시 말해서 독자들이 이해할 것은 "성경"에 기록된 대부분의 이야기는 하나님의 선하신 뜻에 대적하는 인간의 죄악에 관한 것들이라는 사실입니다. 그렇지만 많은 사람들이 지진, 해일, 전쟁, 기아, 기후 문제 등 모든 것을 하나님의 책임으로 돌립니다. 그들은 하나님이 전지전능하시고 무소부재하시며 인간을 사랑하신다면 그 모든 불행한 사건들을 미리 막으시고 해결해 주셨어야 옳지 않냐고 반문합니다. 그러나 그 모든 사건들은 하나님의 정하신 자연의 법칙과 질서를 따르지 않는 인간의 악함에서 비롯된 것이지, 하나님이 일으키는 것이 아닙니다. 즉, 인간이 하나님의 선하신 뜻을 배반하고 위반함으로써 발생되는 재앙인 것일 뿐, 하나님은 인간과 세상을 마음대로 다루지 않고 미리 정하신 자연의 법칙

---

11   이제열, 『불교 기독교를 논하다』, (서울: 모과나무 2017), 147.

과 질서에 따라 다스리십니다. 더구나 하나님은 인간에게 선한 일을 경영할 때 양심에 맞게 자신의 의사를 결정할 수 있도록 양심과 자유의지를 주셨습니다. 즉, 하나님이 만드신 인간은 시계와 같은 기계가 아니라 하나님의 형상을 닮은 인격적인 존재로서 자신 앞에 놓여 있는 선함과 악함 어느 쪽 행위를 선택할 것인지 스스로 결정할 수 있는 존재인 것입니다.

따라서 "성경"을 읽는 사람은 여호와 하나님이 인간의 생명과 인격을 마음대로 조작한다고 생각하지 않아야 하고, 여호와 하나님의 이름을 망령되이 일컫지 않아야 합니다. 그런 행위는 하나님이 제정해 주신 '절대적인 도덕법' "십계명"의 제3계명을 위배하는 일입니다. 즉, "네 하나님 여호와의 이름을 망령되게 부르지 말라. 여호와는 그의 이름을 망령되게 부르는 자를 죄 없다 하지 아니하리라"(출 20:7) 경고하셨습니다. 그래서 필자는 불교인이 하나님을 '아수라'와 같은 존재라고 말하는 것은 참으로 두렵고 안타까운 일이라고 생각합니다. 왜냐하면 "성경"은 하나님에게 용서받지 못할 죄가 없지만, '하나님을 대적하는 죄'는 용서받지 못한다고 가르치기 때문입니다.

4. 예수 그리스도의 동정녀 탄생 이야기

불교는 '예수 그리스도의 동정녀 탄생'을 "남의 아내를 범한 신의 횡포"라고 비난합니다. 즉, 남의 아내를 범하지 말라고 계명을 내린 하나님이 스스로 남의 아내를 가로채 임신을 시켰다고 비난하며, 그것은 반

윤리적인 횡포라고 말합니다.[12] 그리고 불교는 예수 그리스도를 무상(無常)과 무아(無我), 그리고 고(苦)를 자각하지 못하고 자아와 세계가 실재한다는 사견(邪見)을 지닌 존재이고 자신의 의지를 충족시키기 위해 희비애락을 일으키는 무명(無明)의 존재에 불과하다고 합니다.[13]

필자는 예수 그리스도에 대한 불교 측의 이런 망발은 하나님께서 정산하실 죄라고 생각합니다. 그러나 필자는 아무도 비판하지 말고 정죄하지 말라는 "성경"의 가르침에 순종하려고 합니다. 사실, 세계의 26억 기독교인이 믿고 있고, 교회가 2000년이나 지켜 온 "예수 그리스도의 동정녀 탄생"이라는 기독교의 교의는 인간이 부정한다고 해서 변하지 않습니다. 그렇지만 불교 측의 이처럼 거짓되고 망령된 생각과 말들이 진실인 것처럼 '책'으로 출판되어 서점에서 판매되고 있기 때문에 그대로 방기해서는 안 된다는 생각을 했습니다. 왜냐하면 거짓된 책의 내용 때문에 선량한 사람들이 기독교를 오해하게 되고 그로 인하여 예수 그리스도를 믿음으로 얻게 되는 구원의 은총을 거부하게 되는 피해를 보게 될 위험이 크기 때문입니다. 특히 그처럼 참담하고 부끄러운 개인의 주장이 담긴 '책'을 불교의 조계종 교단이 용인하고 추인하며 '2015년 올해의 불서'로 권위를 부여했기 때문에 묵과할 수가 없는 것입니다. 그래서 필자는 "예수 그리스도의 동정녀 탄생"에 대한 "성경"의 기록을 소상하게 밝혀 두고자 합니다.

"성경"이 가르치는바, 예수 그리스도는 성령의 능력으로 동정녀 마리

---

12   이제열, 『불교 기독교를 논한다』, (서울: 모과나무 2017), 142-144.

13   이제열, 『불교 기독교를 논한다』, (서울: 모과나무 2017), 140.

아에게 잉태되어 태어난 하나님의 아들이십니다. 이 사실은 "성경"이 스스로 밝히는 진리입니다. "천사가 대답하여 이르되 성령이 네게 임하시고 지극히 높으신 이의 능력이 너를 덮으시리니 이러므로 나실 바 거룩한 이는 하나님의 아들이라 일컬어지리라"(눅 1:35). 그리고 예수 그리스도의 동정녀 탄생은 '하나님이 인간과 함께하신다'는 선지자 이사야의 예언이 성취된 하나님의 계획이었습니다. 이사야는 예수 그리스도가 탄생하기 약 700여 년 전 에 활동한 선지자이며, 그의 예언은, "보라 처녀가 잉태하여 아들을 낳을 것이요 그의 이름을 임마누엘이라 하리라"(사 7:14)였습니다.[14] 임마누엘을 번역하면 '하나님이 우리와 함께하신다'는 뜻입니다. 그리고 처녀로서 아기를 잉태한 마리아와의 정혼을 파혼하려는 요셉에게 주(主)의 사자가 현몽하여 이 일은 모두 하나님이 하시는 일이라고 알려 주었습니다.

> 다윗의 자손 요셉아 네 아내 마리아 데려오기를 무서워하지 말라 그에게 잉태된 자는 성령으로 된 것이라 아들을 낳으리니 이름을 예수라 하라 이는 그가 자기 백성을 그들의 죄에서 구원할 자이심이라 하니라 이 모든 일이 된 것은 주께서 선지자로 하신 말씀을 이루려 하심이니 이르시되 보라 처녀가 잉태하여 아들을 낳을 것이요 그의 이름은 임마누엘이라 하리라 하셨으니 이를 번역한

---

[14] 이사야는 예수 그리스도가 인간의 몸으로 태어나기 약 700여 년 전에 활동하던 하나님의 선지자입니다.

즉 하나님이 우리와 함께 계시다 함이라 요셉이 잠에서
깨어 일어나 주의 사자의 분부대로 행하여 그의 아내를
데려왔으나 아들을 낳기까지 동침하지 아니하더니 낳으
매 이름을 예수라 하니라(마태복음 1:20).

"성경"에 기록된 이 말씀이 '예수 그리스도의 동정녀 탄생'에 대한 이
야기 전부입니다. 그리고 오늘날 전 세계 80억 인구 중에서 26억의 기
독교인들이 "예수 그리스도의 동정녀 탄생 이야기"를 그대로 믿습니다.
그리고 필자는 세상의 모든 사람들이, 비록 기독교인이 아닐지라도, 예
수 그리스도의 동정녀 탄생이라는 기독교의 진리를 그렇게 알고 있거
나, 그렇게 인정하거나, 그렇게 믿고 있다고 짐작합니다.

5. 석가모니의 탄생에 대한 두 가지 이야기

석가모니의 탄생에 관한 불교 측의 이야기는 두 가지입니다. 하나는
우리가 지식과 상식으로 알고 있는 석가모니입니다. 우리 한국인들이
알고 있는 석가모니의 본명은 고타마 싯다르타이고 고대인도 석가족(釋
迦族)의 왕자로 태어난 사람입니다. 그리고 석가모니는 29세에 출가하
여 수행을 시작했고 35세 때 큰 깨달음 얻어 부처가 된 것으로 압니다.
그리고 석가모니의 일생은 약 80년(BC 563년경~BC 483년경) 정도였
으며 그는 결혼하여 자식을 두었고 죽은 후 인도의 풍습에 따라 화장된
것으로 압니다.

연꽃과 포도의
오해와 진실

불교에서 전하는 석가모니의 탄생에 관한 다른 한 가지 이야기는 다음과 같으며, "성경"을 모방한 이야기로 의심이 됩니다. 이제열에 의하면, 부처님도 하늘에서 내려와 인간의 태중으로 들어간다고 합니다. 그는 『불본행집경』이나 『수행본기경』, 그리고 『중아함경』 같은 부처님의 전기를 다룬 경전을 예로 들며, 부처님은 이 세상에 올 때, 모든 과정을 스스로 결정한 후 태어났다고 합니다. 즉, 부처님은 태어날 시기와 부모와 장소를 스스로 택했고, 고귀한 신분과 청정한 성품을 소유한 부모를 스스로 골라서 태어났다고 합니다. 그리고 부처님이 이 세상에 오게 된 것은 아승기겁(阿僧祇劫) 동안 쌓은 선행의 결과라고 말합니다. 즉, 부처님은 과거 생(生)에 지은 엄청난 선행의 공덕과 세상을 불쌍히 여기는 자비의 원력으로 도솔천(兜率天)이라는 천상에 태어났고, 그곳에서 천상의 수많은 사람들을 위해 설법을 하다 때에 맞춰 인간 세상에 강림했다고 합니다. 그리고 부처님은 예수님처럼 원하지도 않는 인간을 제 마음대로 택해 자신을 잉태하게 한 것이 아니라 훌륭한 아들을 얻고 싶어 하는 두 부부의 소원에 따라서 부모를 택했으며, 고귀한 몸과 심성을 지닌 두 부모의 정혈(精血)을 통해 천상의 몸이 인간으로 변화해 부처님이 된 것이라고 합니다.[15]

이와 같은 석가모니 탄생에 관한 이야기가 독자들에게 어떻게 받아들여지는지 필자는 가늠이 되지 않습니다. 과연 우리가 인류문화사 속에 기록되어 있는 불교의 교조 인간 석가모니의 탄생과 죽음에 대한 역사

---

15   이제열, 『불교 기독교를 논한다』, (서울: 모과나무 2017), 144-145.

적 사실을 믿을 것인가, 아니면 부처님이 하늘에서 내려와 인간의 태중으로 들어갔다는 불경과 법사(스님)들의 말을 믿을 것인가, 생각해 봐야 합니다. 그뿐이 아닙니다. 이제열은 부처님의 잉태와 출산의 과정에 대해서도『불종성경』을 근거로 다음과 같이 말하고 있습니다.

> 『불종성경』을 보면 부처님의 어머니인 마야 부인이 부처님을 잉태했을 때 얼마나 그 얼굴이 안락하고 청정했는지 병든 사람이 보면 건강을 되찾고 미친 사람이 보면 본마음을 회복하였다고 합니다. 룸비니에서 부처님이 탄생할 때 모든 신들이 기뻐하며 찬탄했고 일기는 밝고 아름다웠으며 꽃이 만발하고 모든 짐승들이 기쁨으로 충만했다고 전합니다.

그리고 부처가 태어나는 과정 즉, 출산 과정에 대해서도 다음과 같이 가르칩니다.

> 어머니 자궁에서 빠져나올 때도 마치 삼베 주머니에서 물이 빠져나오듯 아무런 고통을 주지 않고 나왔다고 하며 부처님이 태어나자 제석천(帝釋天)과 범천왕(梵天王)이 하늘의 황금 그물로 받아 비단 천으로 감쌌고 하늘 용들이 나타나 목욕시켰다고 합니다. 세상이 얼마나 기쁨에 차 있었는지 일만 세계가 축복으로 진동하고 지옥 세계의

중생들이 잠시 고통으로부터 해방되었다고 말합니다.[16]

또, 이제열은 『불본행집경』을 근거로, 붓다가 태어나 일곱 걸음을 걷고 '천상천하유아독존(天上天下唯我獨尊)'이라는 말을 외쳤을 때 천상의 어느 신들도 이의를 제기하지 못했다고 말합니다.

필자는 '예수 그리스도의 동정녀 탄생'이나 불교가 가르치는 '부처의 마음대로 탄생'을 믿거나 안 믿는 것은 개인의 자유라고 생각합니다. 다만 필자는 과학적으로 증명이 되지 않는 종교적인 신념 또는 주장에 대해서는 옳고 그름을 따지는 일이 무익하다고 생각합니다. 즉, 불교 측이 무엇을 믿고 주장하든 기독교가 간섭할 일은 아니고, 기독교가 무엇을 믿고 주장하던 불교가 간섭할 일은 아니라고 생각하는 것입니다. 왜냐하면 그것은 과학적으로 증명되지 않는 신앙의 문제이기 때문입니다.

6. 불교는 종교가 아니다

오늘날 불교 내부에는 불교를 종교가 아니라고 주장하는 이들이 있습니다. 일반적인 종교사회학 관점에서 보면 불교는 '교주, 교리, 교단'이라는 종교의 3대 요소를 갖추고 있으므로 종교입니다. 즉, 불교의 교주는 석가모니이고, 교리는 부처님의 가르침이며, 교단은 출가자(出家者)

16 　이제열, 『불교 기독교를 논하다』, (서울: 모과나무 2017), 149.

들과 재가자(在家者)를 포함하는 사부대중(四部大衆)입니다. 그리고 역사적으로도 불교는 지난 2000여 년 동안 한국인들의 정신세계에 큰 영향을 끼쳐온 중요한 종교(宗敎)로 자리 잡고 있습니다.

그런데 불교인 중 일부는 불교는 종교가 아니라 '나는 무엇인가'에 대한 해답을 찾아가는 수행의 과정이라고 말합니다.[17] 불교의 겉모습이 종교처럼 보이지만 그 안을 들여다보면 종교가 아니라 수행체계, 요즘 말로 수행 시스템이라는 것입니다.[18] 이중표는 불교를 먼저 깨달은 붓다의 가르침을 따라 각자가 스스로 해탈과 열반을 성취하는 수행의 과정이라고 말합니다.[19] 그리고 이제열은 불자들이 불상을 대상으로 올리는 예배는 번뇌를 조복(調伏)받아 해탈의 공덕을 이루려는 것이지 부처에게 예배하는 것이 아니라고 말합니다. 즉, 불자들이 비록 불상을 향해 예배하지만 그것은 수행의 과정일 뿐 부처와 불상에 특별한 가치를 두고 있지는 않다고 합니다.[20] 그리고 불교에서 석가모니(붓다)는 먼저 깨달은 자의 한 사람으로서 열반에 이르는 길을 가르쳐 주는 안내자일 뿐 신앙의 대상은 아니라고 합니다. 이렇듯 불교의 내부에는 불교가 부처님을 숭배하는 종교가 아니라 번뇌를 벗어나 해탈과 열반을 성취하기 위한 수행과정 또는 수행시스템이라고 생각하는 사람들이 많은 것 같습니다.

그렇지만 필자는 우리 한국 사회에서 불교가 부처님의 자비와 은덕을

---

17 중현, 『불교를 안다는 것 불교를 한다는 것』 (서울: 불광출판사, 2021), 015.

18 중현, 『불교를 안다는 것 불교를 한다는 것』 (서울: 불광출판사, 2021), 018.

19 이중표 역해, 『정선 디가 니까야』 (서울: 불광출판사, 2019), 11.

20 이제열, 『불교 기독교를 논하다』 (서울: 모과나무 2017), 67-68.

소망하는 종교가 아니라 번뇌를 벗어나기 위한 수행의 과정이라고 말하면 납득할 사람이 드물 것이라고 생각합니다. 왜냐하면 전통적으로 기한을 정하고 불상 앞에서 불공을 드리거나 탑을 돌며 치성을 쌓는 불자들의 행위는 부처님의 은덕을 받아 소망을 성취하려는 신앙이지 해탈을 위한 수행은 아닐 것이기 때문입니다. 그리고 불상이 불교에서 별로 중요하지 않고 불상 앞에서 절을 하고 공양을 올리는 행위가 마음에 안정을 얻기 위한 수행의 과정에 지나지 않는다면 그 사실을 일반 불자들에게 알려야 한다고 생각합니다. 왜냐하면 일반 신도들은 불상 앞에서 스님들이 올리는 예불을 석가모니에 대한 경건한 예배로 인식하고 동참하기 때문입니다.

그래서 필자는 '불교는 종교가 아니고 수행체계 또는 수행시스템이다'라는 주장이 매우 신중하게 다루어져야 한다고 생각합니다. 왜냐하면 불교가 석가모니를 숭상하는 종교가 아니고 다만 해탈과 열반을 위한 수행 과정 또는 수행시스템이라면, 불교는 신도들의 '시주'와 '공양'을 받아먹으며 자신의 구원만을 위해 수행하는 승려들의 집단으로 전락하게 된다고 생각하기 때문입니다.

7. 불교는 우상을 숭배하는 종교이다

불교는 자신들의 신앙을 기독교처럼 초월적인 절대자에게 복종하는 종교가 아니라 인간의 이성을 매우 중시하며 개인의 이성적인 판단을 신뢰하는 종교라고 합니다.[21] 이런 주장의 바탕에는 석가모니 부처가 신앙의 대상이 아니라 열반에 이르는 길을 안내해 주는 먼저 깨달은 사람 중 하나일 뿐이라는 생각이 있기 때문입니다.[22] 불교에는 석가모니를 비롯한 과거칠불이 있고, 현재불도 있고, 미래불도 있다고 가르치니, 교주 석가모니가 신앙의 대상이 아니고 먼저 깨달은 부처 중 한 사람일 뿐이라는 말도 이해가 됩니다. 동일한 맥락에서 불자들의 불상 앞 예불은 부처에게 예배하는 것이 아니고 다만 번뇌를 조복(調伏) 받아 해탈의 공덕을 이루려는 수행의 과정일 뿐이라는 말도 이해가 됩니다.[23]

그러나 필자는 불교가 우상을 숭배하는 종교가 아니라 인간의 이성을 중시하며 개인의 판단을 신뢰하는 이성적인 종교라는 주장에는 동의하지 않습니다. 거기에는 몇 가지 이유가 있습니다.

첫째, 현실적으로 일반인들이나 승려들이 사찰에서 예불을 올리거나 불공을 드리는 마음, 의식 및 관습들이 신앙과 수행을 포괄적으로 표출한다고 생각하기 때문입니다. 그리고 그 신앙의 대상은 '불상'(佛像)과 '탑'(塔)이며, 불상은 부처를 상징하고 탑은 '사리'(舍利)를 모시거나 공양·보은 또는 영지(靈地)임을 표시합니다.

둘째, 우상숭배의 사전적 의미가 신(神) 이외의 사람이나 물체를 신앙의 대상으로 숭배하는 것으로 정의되어 있기 때문입니다. 그뿐만 아니라 영물(靈物)이나 주물(呪物)을 종교적인 대상으로 삼는 것도 모두 우

---

21 최준식, 『한국의 종교, 문화로 읽는다』, (경기: 사계절출판사, 1998), 261.

22 이제열, 『불교 기독교를 논하다』, (서울: 모과나무 2017), 67.

23 이제열, 『불교 기독교를 논하다』, (서울: 모과나무 2017), 68.

상을 숭배하는 종교행위로 정의하고 있습니다.

셋째, 기독교의 관점에서 볼 때도 불교는 인간을 신뢰하고 이성적 판단을 존중하는 종교가 아니라 우상을 숭배하는 종교 중 하나입니다. 그이유는 "성경"의 "십계명"이 불교와 같은 종교들을 우상을 숭배하는 종교로 규정하기 때문입니다.

> 너는 나 외에는 다른 신들을 네게 두지 말라 너를 위하여
> 새긴 우상을 만들지 말고 또 위로 하늘에 있는 것이나 아
> 래로 땅에 있는 것이나 땅 아래 물 속에 있는 것의 어떤
> 형상도 만들지 말며 그것들에게 절하지 말며 그것들을
> 섬기지 말라(출애굽기 20:3~5)

그리고 "성경"은 점쟁이나 길흉을 말하는 자나 요술하는 자나 무당이나 진언자나 신접자나 박수나 초혼자들도 여호와 하나님께서 가증히 여기신다고 가르칩니다(신 18:10~12). 현실적으로 불교의 승려들이 영혼이나 귀신의 존재를 인정하지 않으면서도 액운을 막아 준다는 '부적'을 만들어 팔기도 하고, 비용을 받고 제사나 천도재를 대신 맡아 주기도 합니다. 그러므로 불교는 우상을 숭배하는 종교로 분류될 수밖에 없는 것입니다.

그러나 우리 한국인들은 불교가 우상을 숭배하는 종교로 변하게 된 연유를 이해할 필요가 있습니다. 본래 석가모니의 불교는 우상을 숭배하는 종교가 아니었고 다분히 이성적이고 철학적이고 인간의 행복을 추구하는 종교였습니다. 본래 석가모니는 제자들에게 자신을 개인적으로 숭

배하는 것을 금지했으며, '여래를 향해 예를 표하지 말고 진리를 생각하라'고 가르쳤습니다. 즉, 『금강경』에 의하면 석가모니는 '만약 형상과 음성으로써 부처를 보려는 자는 삿된 길을 가는 사람'이라고 가르쳤다고 합니다. 그리고 『화엄경』에 의하면 '본질적으로 마음과 부처와 중생은 아무런 차별이 없다'고 가르쳤다고 합니다.[24] 이러한 불경의 가르침을 모아서 최중식이 말하기를, 붓다는 자신이 죽은 뒤 자기의 상(像)을 만들고 우상처럼 숭배하는 것을 금지했고, 오직 자기가 가르쳐 준 법(法)을 의지하여 살기를 당부했다고 합니다.[25] 이런 맥락에서 볼 때, 석가모니는 불교가 우상을 숭배하는 종교로 변질되는 것을 미리 염려하고 걱정했던 것으로 생각됩니다.

그러나 붓다의 후예들은 석가모니의 가르침과 당부를 따르지 않고 불상과 탑을 불교에 들여놓았습니다. 즉, A.D. 1세기경부터 적극적으로 포교활동에 나선 대승불교가 지금의 아프가니스탄까지 나아가 포교활동을 하면서 간다라 지역에 널리 퍼진 헬레니즘 즉, 그리스의 예술과 문화를 받아들인 것입니다. 인도의 북부 간다라 지역에는 기원전 4세기경에 알렉산더 대왕이 정복한 후 심어놓은 헬레니즘 문명이 발전하고 있었습니다. 그때부터 불교는 제우스나 헤라클레스와 같은 그리스의 신상과 신전을 모방하여 불상과 탑을 만들었고 그것들을 대상으로 예배를 드리기 시작한 것입니다. 그러므로 불교가 우상을 숭배하는 종교로 변한 것은 석가모니가 죽은 지 약 500년 후부터 시작되었습니다. 비록 대승불

---

24   이제열, 『불교 기독교를 논하다』, (서울: 모과나무 2017), 67.

25   최준식, 『한국종교문화로읽는다 I』, (파주: 사계절, 1998), 261~262.

교에 의해 선택된 잘못된 길이었지만, 오늘날 불상을 향한 예배는 소승 불교를 포함하는 불교의 모든 부파가 따르는 보편적인 신앙의 모습입니다. 사실, 오늘날 세계 곳곳의 불교 사찰에는 크고 작은 불상들이 즐비합니다. 그리고 그곳에서는 수많은 사람들이 불상을 대상으로 향을 피우고 합장하고 경배합니다. 이런 모습을 보면서도 불교를 종교가 아니라고 말하는 것은 이해하기가 매우 어렵습니다.

그러므로 불교가 우상을 숭배하는 종교가 된 것은 온전히 불교 스스로 석가모니의 가르침을 배반하고 스스로 선택한 것이며, 기독교 또는 다른 누구를 탓할 일이 아닌 것입니다.

8. 불교인들에 대한 기독교인의 인식

이제열은 "한국 기독교에 있어 불교도들은 모두 개종의 대상이고 언젠가는 쓰러뜨려야 할 집단인 듯하다."라고 말합니다.[26] 그러나 필자는 이제열이 큰일 날 어리석은 소리를 하고 있고, 기독교인들과 불교도들 사이를 이간질한다고 생각합니다. 사실 한국인들은 서로의 종교가 다른 것을 나쁘게 보거나 적대시하지 않습니다. 기독교인들은 불교가 우상을 숭배하는 종교라는 이유로 불자들을 무시하지도 않습니다. 사실 한국인의 사회생활은 철저하게 종교다원적인 문화와 질서 속에서 이루어지고

---

26 이제열, 『불교 기독교를 논하다』, (서울: 모과나무 2017), 14.

있습니다. 즉, 어느 공동체나 무종교인, 기독교인, 불교인들이 함께 일하고 있고, 심지어 무슬림과 힌두교인들도 함께 일합니다. 즉, 한국인의 일상생활에서 기독교인들이 불교도들을 개종시키거나 파괴시켜야 할 대상으로 보는 사람은 극히 드물다고 생각합니다. 다만 "성경" 속의 아담과 이브가 하나님의 말씀과 경고를 무시하고 그들의 본성이 타락하여 악하게 변했듯이, 불교도들도 석가모니의 뜻을 따르지 않고 우상을 숭배하는 종교로 변했다는 사실은 분명하다고 생각됩니다.

그렇지만 기독교인 중에는 잘못된 신념으로 인하여 불교 측을 불쾌하게 만드는 경우가 있음을 부인하지 않겠습니다. 그러나 필자도 불교도의 기독교에 대한 비판과 비난 때문에 무례함을 느끼며 마음이 상하는 경험을 합니다. 즉, 양쪽의 진리와 교리가 다르고 사람의 성품이 서로 다르고 신앙의 수준에도 차이가 있기 때문에 그러한 일들이 발생할 수 있다고 생각합니다. 즉, 세상의 모든 종교에는 배타적이고 과격한 신자와 호혜적이고 온건한 신자가 있기 마련이기에 그런 문제가 발생할 수 있다고 봅니다. 그래서 필자는 양쪽의 지도자와 학자들이 두 종교를 대립하게 만들지 말고 평화롭게 공존하며 국가의 발전에 힘을 합치는 방향으로 인도하면 좋겠다고 생각합니다. 사실 종교적 갈등은 지도자들의 문제이자 일반 평신도들 사이에는 종교적 갈등이 없지 않습니까?

Ⅱ. 차이와 다름

불교와 기독교는 다른 종교입니다. 기독교가 인간과 우주만물은 하나님에 의해 창조(創造)되었다는 믿음에서 시작하는 종교라면, 불교는 인간이 분별하는 자아와 세계는 실체가 없다는 무아(無我)에서 시작됩니다.[27] 그리고 기독교는 하나님의 '자기계시'에 의해서 발현된 종교이고 불교는 석가모니와 그의 제자들 사대부중(四大府中)에 의해서 형성된 종교입니다. 또한 기독교의 진리는 "성경"에 기록된 하나님의 말씀과 법도이며, 그 내용은 하나님의 감동으로 이루어진 것이기에 인간이 임의로 변경시킬 수 없다고 합니다. 그러나 불교의 불경은 대부분 '이와 같이 나는 들었다'는 말로 시작되며 저자가 누구인지 알 수가 없고 작성된 연대가 언제인지는 정확히 알 수 없다고 합니다. 그래서 필자는 기독교와 불교를 전혀 다른 종교라고 생각합니다.

불교 측에서도 기독교와 불교의 차이와 다름을 '연꽃'과 '포도'의 비유로 설명하고 있습니다. 즉, 2015년 조계종이 그해의 '불서'로 선정한 이제열의 『불교 기독교를 논하다』에는 기독교와 불교의 차이와 다름에 대하여 다음과 같이 언급하고 있습니다.

---

27   이중표 역해, 『정선 디가 니까야』, (서울: 불광출판사, 2019), 7.33

불교와 기독교는 세계관은 물론이고 인생관과 목적까지 엄연히 서로 다릅니다. 인간을 구제하고 복되게 하자는 것이 종교인데 목적이 왜 다르냐고 반문하겠지만 불교는 불교대로 기독교는 기독교대로 자신들의 가르침 속에서만 구제가 완성되고 복이 성취된다고 말합니다. 다시 말해서 오르려는 산 자체가 다르다는 것입니다. 엄밀히 말해 두 종교 모두 인간을 위한 사랑과 희생을 강조해도 불교에서 볼 때 기독교는 외도(外道)이며 사견(邪見)이고, 기독교에서 볼 때 불교는 사탄(satan)의 언어이거나 거짓 증거입니다. 애써 불교와 기독교의 동질성을 찾기 위해 노력하는 사람들이 있기는 하지만 어디까지나 연꽃은 연꽃이고 포도는 포도인 것입니다.[28]

그리고 필자는 이러한 불교 측의 통찰을 존중하고 동의합니다. 즉, 불교는 연꽃이고 기독교는 포도라는 비유가 불교와 기독교는 전혀 다른 종교라는 것을 명확히 밝혀 주는 비유라고 생각합니다. 그래서 필자는 불교와 기독교가 어떻게 다른지를 논의하며 두 종교 사이에 존재하는 오해와 진실을 밝히고자 합니다.

---

28   이제열, 『불교 기독교를 논하다』, (서울: 모과나무 2017), 13.

1. 불교는 어떤 종교인가?

1) 불교의 형성과정

불교는 최상의 깨달음을 얻어 붓다(부처)가 된 고타마 싯다르타와 그의 가르침을 듣고 배워서 아라한(阿羅漢)[29]이 된 다섯 제자에서부터 시작되었다고 합니다.[30] 고타마 싯다르타는 고대인도 샤카족의 왕자이기 때문에 석가모니라는 이름으로 더 알려져 있습니다. 그는 BC 6세기와 5세기에 걸쳐 약 80년 동안 살았으며 결혼하여 자식을 두었고 죽은 후에는 인도의 풍습에 따라 화장되었습니다.

그리고 불교의 분파는 매우 다양하고 많지만 우리 한국인들에게는 소승(小乘)과 대승(大乘)으로 나누는 것이 친숙합니다. 그러나 엄격한 의미에서 소승(小乘)은 대승(大乘)이 지은 멸칭(蔑稱)이고 바른 표현은 부파불교(部派佛敎)와 대승불교로 구분하는 것이 옳습니다. 부파불교는 석가 및 직제자 시대의 초기불교를 계승하며 대승불교와 함께 인도에서 발전한 전통적 학파에 의한 불교를 의미합니다. 석가 사망 후 100년, 즉 아소카왕(기원전 3세기)경, 불교교단은 계율이나 교리의 해석상의 의견 대립 때문에 보수적인 상좌부와 진보적인 대중부로 분열되었습니다. 상좌부와 대중부의 분열은 근본분열이라고 하며, 이후 분파에 분파를 거

---

29 아라한이란 불법을 듣고 출가한 수행자가 수다원과·사다함과·아나함과를 거쳐 도달하는 최고 경지를 가리키는 불교교리이며, 윤회의 굴레를 벗어난 천상의 존재를 의미합니다.

30 중현, 『불교를 안다는 것 불교를 한다는 것』, (서울: 불광출판사, 2021), 018.

듭해서 상좌부계 11부와 대중부계 9부파의 소위 〈소승 20부〉가 성립되었습니다. 이 20부파 및 이들 부파에 소속하는 경(經)·율(律)·논(論)에 주장된 교설이 〈부파불교〉라고 정의됩니다. 그리고 스리랑카에 전해진 상좌부는 특히 〈남방 상좌부〉라고 하며, 미얀마, 태국, 캄보디아 등의 동남아시아 여러 나라에 전파되어서 오늘날에 이르고 있습니다.

대승불교는 석가 입멸(入滅) 후 500년경(BC 100년?) 인도에서 일어난 새로운 불교운동입니다. 대승불교 측은 그때까지 여러 파로 갈라져 자파(自派)의 주장만이 최상의 것이라고 고집하여 온 부파불교의 자세를 맹렬히 비판하며 재래불교를 소승(小乘: Hinayana)이라 폄하(貶下)하는 한편, 자신들을 대승이라고 칭하면서 이타적(利他的)인 세계관을 바탕으로 활발하고 폭넓은 활동을 전개하였습니다. '대승'의 어원은 큰(maha) 수레(yana), 즉 많은 사람을 구제하여 태우는 큰 수레라는 뜻으로, 일체중생(一切衆生)의 제도(濟度)를 그 목표로 하였습니다. 이 운동은 종래에 출가자(出家者: 승려)만의 종교였던 불교를 널리 민중에게까지 개방하려는 재가자(在家者)를 포함한 진보적 사상을 가진 사람들 사이에서 일어났던 것으로 추정되고 있습니다. 이 새로운 불교운동은 그때까지 석가에게만 한정하던 보살(菩薩)이라는 개념을 넓혀 일체중생의 성불(成佛) 가능성을 인정함으로써 일체중생을 모두 보살로 보고, 자기만의 구제보다는 이타(利他)를 지향하는 보살의 역할을 그 이상(理想)으로 삼고 광범위한 종교활동을 펴 나간 것입니다. 대승불교운동의 전거(典據)로는 대승불교의 경전이 속속 이루어진 데 있었습니다. 먼저 『반야경(般若經)』이 나왔습니다. '공(空)'의 사상을 강조하는 『반야경』은 종래의 고정관념을 타파함과 동시에, 일체의 집착(執着)으로부터의 해탈

(解脫)을 실천의 중심으로 삼았습니다. 이어 일체를 포함하여 '일승(一乘)'을 교설(敎說)하고 구원(久遠)의 본불(本佛)을 세우는 『법화경(法華經)』, 광대한 불타[毘盧遮那佛]의 세계를 교설하는 『화엄경(華嚴經)』, 재가거사(在家居士)인 유마(維摩)가 오히려 출가자(出家者)를 교설하는 『유마경(維摩經)』, 서방정토(西方淨土) 아미타불(阿彌陀佛)의 세계를 찬탄하며 일체중생의 구제를 약속하는 『정토삼부경(淨土三部經)』 등이 이루어져 종래의 불교를 일신하는 이 새로운 불교운동을 뒷받침하였습니다. 이 경전들은 오랜 세월에 걸쳐 대승이 불교의 중심세력이 되어 가는 과정 속에서 이루어졌거니와, 2~3세기에는 용수(龍樹)가 출현하여 이 대승불교의 사상적 기반을 확립하였다고 합니다. 대승불교는 한(漢)나라 때 중국으로 건너가 몽골 · 티베트 · 한국 · 일본 등 이른바 '북방불교(北方佛敎)'의 주류를 이루었으며, 한국에는 고구려 문자왕(文咨王: 재위 491~518) 때 용수(龍樹)의 『중관론(中觀論)』 등 삼론(三論)을 비롯한 천태(天台), 열반(涅槃) 등의 교법이 들어와 대승불교에 대한 연구 및 교화가 활발하게 전개되었다고 합니다. 이러한 노력에 힘입어 한국에서의 대승불교는 마침내 독자적인 발전의 단계에까지 이르렀다고 합니다.

그래서 대승불교의 특징을 말하자면 자신의 깨달음을 추구하면서, 적극적으로 타인을 구제하고 제도하려는 보살행을 하는 것입니다. 즉, 중생을 사랑하고, 가엽게 여기며, 배려하는 부처님의 본뜻을 실행하려는 것이 대승불교의 특징입니다. 대승불교는 민간의 제사를 위탁받아 절에서 제사를 지내 주고 이승을 떠도는 어리석은 영가(귀신)를 위한 천도재 또는 49재를 보살행이라고 말합니다. 그러나 소승불교의 특징은 자신의 깨달음을 이루기 위하여, 법당이나, 어느 곳에서 홀로 참선을 하는 것입니다. 그리고 소승의 수행은 기본적으로 '탁발'에서 시작됩니다. 탁발이란 음식을 구걸하는 행위를 말하며, 소승의 승려들은 식사 때가 되면 마을이나 시내에 내려가 탁발을 합니다. 그리고 탁발한 음식을 먹고 기운을 차리고, 오직 깨달음을 이루기 위해, 자신을 위한 참선만을 계속한다는 것이 소승불교입니다. 그래서 소승은 오늘날 자신의 깨달음과 상관이 없는 타인의 영혼을 위한 49재(四十九齋)나 천도재(薦度齋)를 올리는 대승불교의 습속은 불교의 것이 아니라고 말합니다. 즉, 대승은 중생의 일상사에 적극 개입하는 모습으로 보살행을 하고, 이러한 보살행으로 어느 정도의 수입을 얻으며 자신의 깨달음을 추구합니다. 즉, 대승은 탁발이 없더라도 보살행으로 어느 정도의 의식주를 해결하고 사찰의 유지보수에 충당할 비용을 마련합니다. 이런 보살행의 유무가, 소승불교와 대승불교의 차이점이라고 할 수 있습니다. 오늘날 소승불교는 스리랑카 · 미얀마 · 타이 · 라오스 등에서 확고한 기반을 갖추고 있습니다. 그리고 대승불교는 중국 · 한국 · 일본 등 북방에 널리 유포되어 현재에 이르고 있고, 우리 한국의 불교는 대승불교가 지배하는 것으로 알고 있습니다.

2) 불교의 세계관

불교는 인간이 분별하며 문제로 삼는 자아(自我)와 세계(世界)는 모두 실체(實體)가 없는 허상(虛像)이고 무지한 중생(衆生)들의 번뇌(煩惱)가 만들어 내는 망상(妄想)이라고 가르칩니다. 그래서 불교의 관점에서 볼 때, 이 세상에는 고정 불변하는 실체가 없으며, 보이는 모든 것은 '허

연꽃과 포도의
오해와 진실

상'입니다. 또한 불교는 인간의 행위들과 사건들이 무상하게 연기(緣起)되는 현상일 뿐 그 속에 본체라고 할 자아(自我)는 없다고 무아(無我)를 가르칩니다. 그래서 불교의 수행은 무아(無我)의 의미를 깨닫는 것이며, 나는 무엇인가에 대해 스스로 고민하고 스스로 체험하고 스스로 깨치는 것이 불교라고 합니다.[31]

그리고 불교는 인간의 영혼(靈魂)과 세계의 실체를 인정하지 않는 종교입니다. 석가모니는 존재하는 모든 것의 실체는 허상이고 존재에 대한 인간의 생각은 모두 억측이라고 가르쳤습니다.[32] 그래서 불교는 '나는 어디서 와서 어디로 가는가?' '이 세계는 누가 만들었는가?' '나와 세계는 영원한가, 일시적인가?' 등의 세계관 차원의 궁극적 질문에 대답하지 않습니다. 그리고 붓다는 자아와 세계에 대한 그와 같은 질문들은 무명(無明: 어리석음)에서 비롯되어 물음 자체가 잘못된 것임으로 모두 해체시켜야 한다고 가르쳤습니다.[33] 붓다는 이런 질문들을 '무기(無記)'로 규정하고 대답하기를 거부하거나 가부를 대답하지 않고 침묵했다고 합니다.[34]

그러면 붓다는 무엇을 진실 된 세계상이라고 가르쳤을까요? 붓다는 이 세상을 지배하는 것은 신이 아니라 법(法: Dharma)이고, 그 법 속에서 중생들이 업(業)을 지으며 생멸(生滅)한다고 가르쳤습니다. 또한 인

---

31   중현, 『불교를 안다는 것 불교를 한다는 것』, (서울: 불광출판사, 2021), 016.

32   이중표 역해, 『정선 맛지마 니까야』, (서울: 불광출판사, 2020), 236.

33   이중표 역해, 『정선 디가 니까야』, (서울: 불광출판사, 2019), 21-23.

34   이중표 역해, 『정선 디가 니까야』, (서울: 불광출판사, 2019), 7.

간의 행위들과 사건들도 무상하게 연기(緣起)되는 현상일 뿐 개체로 인정될 독자적인 사건은 없다고 가르쳤습니다.[35] 즉, 석가모니는 세계는 업에 따라 존재하고 사람 또한 업에 따라 존재합니다. 수레바퀴가 쇠기에 얽혀져 돌아가듯 존재하는 모든 것은 업의 속박 속에서 굴러 간다고 가르쳤다고 합니다.[36] 그러므로 석가모니의 세계관에서 우주만물의 탄생과 소멸의 제1원인은 하나님 또는 조물주가 아니라 법(法)의 연기(緣起)가 됩니다. 즉, 모든 존재의 생성과 소멸은 어떤 절대자(예: 창조주 하나님)가 원인이 아니라 인간이 법(法) 안에서 만드는 업(業=法)이 원인과 조건을 통해 연기(緣起)된 결과라고 합니다. 그래서 불교의 세계관은 연기법에 입각한 연기적생성론(緣起的生成論)이라고 합니다.[37] 그러므로 법과 연기에 대하여 먼저 알아보겠습니다.

가) 법(法)과 연기(緣起)

불교의 진리 주장은 법(法)에서 시작되고 연기(緣起)로 설명됩니다. 불교는 이 세상에 존재하는 모든 것은 법의 연기를 벗어날 수 없다고 가르칩니다. 즉, 모든 것은 법의 연기에 의해 생기고 법의 연기에 의해 소멸됩니다. 물질이건 정신이건 미물이건 사람이건 천상의 신들까지도 법(法)과 연기의 그물에서 벗어날 수 없다고 가르칩니다.

이러한 연기법(緣起法)에 대한 석가모니의 가르침은『잡아함경』에 기

---

35 이중표 역해,『정선 맛지마 니까야』, (서울: 불광출판사, 2020), 236.

36 이제열,『불교 기독교를 논하다』, (서울: 모과나무 2017), 127.

37 이제열,『불교 기독교를 논하다』, (서울: 모과나무 2017), 32.

록되어 있습니다. 먼저 법(法)은 여래가 만든 것도 아니고 남이 만든 것도 아니며, 연기(緣起)의 소산이라고 합니다. 즉, 법은 여래가 세상에 나오건 나오지 않건 법계(法界)에 항상 머물러 있는 것이며 일연생기(一緣生起)의 결과라는 것입니다. 그래서 모든 존재의 생성소멸과 길흉화복은 모두 법(法)의 연기(緣起)라는 것이 불교가 주장하는 진리입니다.[38]

그러면 연기(緣起)란 무엇인가요? 그것은 모든 법과 이치를 관계성 속에서 파악하고 설명하는 불교의 논리체계입니다. 즉, 연기(緣起)란 존재하는 모든 것이 원인과 조건이 있어서 생성되고 소멸된다는 것입니다. 다시 말해서 연기법이란, 이것이 있으므로 저것이 있고(此有故彼有), 이것이 생기므로 저것이 생긴다(此生故彼生). 이것이 없으면 저것도 없고(此無故彼無), 이것이 사라지면 저것도 사라진다(此滅故彼滅)는 인과의 법칙을 의미합니다.

그래서 불교는 세상에 존재하는 모든 것이 연기법의 소산일 뿐 실체가 없는 허상이고 무상한 것이므로 그 모든 것에 영원한 자아는 있을 수 없다고 합니다. 그래서 불교는 인간의 자아와 만물의 실체를 부정하는 공(空)과 무아(無我)의 교리를 가르칩니다.

나) 공(空)과 무아(無我)

불교의 공(空)사상은 '아무것도 없다'는 뜻이 아니고 '속이 텅 비어 있다'는 의미도 아닙니다. 공(空)사상을 설명하는 제법개공설(諸法皆空說)

---

38 이제열, 『불교 기독교를 논하다』, (서울: 모과나무 2017), 104-106.

은 모든 존재는 고정된 실체나 자성(自性) 즉, 자아(自我)가 없다는 것입니다. 즉, 존재하는 일체는 고정된 실체가 없이 변화되고 생멸하므로 자아(自我) 즉, '나'라고 주장할 것이 없다는 것입니다. 그래서 공(空) 교리의 핵심은 개인이 스스로의 실체를 규정하기보다는 무아(無我)를 깨닫고 집착과 이기심을 버리라는 것입니다.

그래서 반야심경은 물질적인 세계와 형이상학적인 공(空)의 세계가 다르지 않음을 뜻하는 "색불이공공불이색(色不異空空不異色) 색즉시공공즉시색(色卽是空空卽是色)"을 가르칩니다. 이 문장의 의미는 색(色)이 공(空)과 다르지 않고 공이 색과 다르지 않으며, 색이 곧 공이요 공이 곧 색이라는 것입니다. 다른 말로 설명하면 색은 물질적 현상이며, 공은 실체가 없음을 뜻하는 것이므로, 색과 공을 차별적인 개념 또는 이원론적인 사고방식으로 이해하기보다는 일의(一義)로 관조할 것을 강조하는 것입니다.

그래서 불교는 공(空)사상과 함께 무아론(無我論)을 가르칩니다. 즉, 모든 육체적, 정신적 행위는 무상하게 연기(緣起)하며 변하는 현상일 뿐(諸行無常), 그 안에 지속적이고 고정된 자아(自我)라고 할 수 있는 것은 없다는 제법무아(諸法無我)를 가르칩니다.[39] 불교에서 무아(無我) 교리를 가르치는 이유는 석가모니가 자아(自我)에 대하여 그것이 영원히 존재한다고 주장하든 죽음과 함께 사라진다고 주장하든 모두가 억측이라고 가르쳤기 때문입니다. 또한 석가모니는 일반적으로 사람들이 '나'라

---

39 이중표 역해, 『정선 맛지마 니까야』, (서울: 불광출판사, 2020), 236.

는 개체의 형상적인 모습은 변화될지라도 그 내면에는 변하지 않는 '자아(自我)'라는 실재가 존재한다고 믿지만, 그것은 억측이라고 했습니다. 즉, 이 세상에 자아와 자아에 속하는 것이 발견되지 않는데 '이것이 자아다', '이것이 세계다'라고 말하는 것은 어리석음이라고 가르쳤습니다. 따라서 붓다는 본질적으로 잘못된 '자아'에 대한 질문들 자체를 모두 해체해야 한다고 가르쳤다고 합니다.[40] 그리고 불교는 공과 무아(無我)의 가르침을 통하여 자아(自我)라는 망상(妄想) 덩어리를 제거해야 한다고 주장합니다.[41] 그래서 불교는 영혼이나 진아(眞我: 진정한 자아)와 같은 고정불변의 개별적인 실재가 있을 것으로 생각하는 사람들에 대하여 '그런 것은 없다'고 쐐기를 박고 있습니다.[42]

붓다는 '뗏목의 비유'에서 무아(無我)든 법(法)이든 모든 배움과 가르침은 자아라는 망상이 사라짐으로서 결국 버려지는 뗏목과 같은 것이라고 가르쳤습니다.[43] 그리고 붓다는 무아가 아니면 유아라는 모순된 생각을 벗어나는 것이 중도(中道)이고, 중도에서 연기(緣起)의 실상, 즉 공(空)을 보아야 무아의 참뜻을 알 수 있다고 했습니다. 이런 의미에서 붓다의 공과 무아에 대한 가르침은 중도(中道)와 반야(般若) 사상의 모태가 되는 것입니다.[44]

40 이중표 역해, 『정선 디가 니까야』, (서울: 불광출판사, 2019), 21-22.

41 이중표 역해, 『정선 맛지마 니까야』, 서울: 불광출판사, 2020), 37.

42 이제열, 『불교 기독교를 논하다』, (서울: 모과나무 2017), 43.

43 이중표 역해, 『정선 맛지마 니까야』, (서울: 불광출판사, 2020), 160.

44 이중표 역해, 『정선 맛지마 니까야』, (서울: 불광출판사, 2020), 154-155.

다) 반야(般若)와 중도(中道)

불교의 교리 반야(般若) 사상은 대승불교에서 확립한 지혜라고 합니다. 반야의 교리는 온갖 분별과 망상에서 벗어나 존재의 참모습을 깨달았을 때 나타나는 근원적인 지혜를 말합니다. 즉, 만물의 참다운 실상을 깨닫고 불법을 꿰뚫는 지혜를 얻음으로서 성불에 이르게 되는 마음의 작용을 이르는 말입니다. 그래서 반야는 보통 사람들이 가지는 판단능력인 분별지(分別智)와 구별되는 무분별지(無分別智)를 의미합니다. 반야(般若)는 법에 대한 객관적 해석과 이론적 분석태도를 지양하고, 스스로의 체험과 실천을 통하여 법의 있는 그대로를 스스로의 경험으로 깨닫는 지혜를 말합니다. 그리고 이러한 반야의 지혜를 얻기 위해서는 집착하는 어리석음을 타파해야 합니다. 그것은 곧 공(空)사상을 이해하고 공(空)의 상태에 이를 수 있는 사람이 반야의 지혜를 체득할 수 있다고 합니다. 불교에서 스님들이 독송하는 '반야심경'은 한자로 260자밖에 되지 않는 짧은 경문입니다. 그러나 전문이 한자로 되어 있어서 대중들은 그 뜻을 이해하기가 어렵지만 온라인에 제시된 『우리말 반야심경』을 참고하면 그 뜻을 알 수 있고, "아제아제 바라아제 바라승아제 모지사바하"라는 진언으로 끝나는 '반야심경' 독송은 유튜브에서 흔히 들을 수 있습니다.[45]

그리고 붓다는 체험적 인식을 통해 중도(中道)의 도리를 가르쳤습니

---

45 반야심경(般若心經)을 더 공부하고 싶은 사람은, 진현종의 『한 권으로 읽는 팔만대장경』, (서울: 영담, 2007)을 참고하기 바란다.

다.[46] 중도의 교리는 생각이든 행동이든 양극단 즉, 어느 한쪽에 지나치게 치우치지 않아야 한다는 가르침으로 쉽게 생각할 수 있지만, 그 뜻은 매우 심오합니다. 이를테면 '쾌락'과 '고행'의 상대적인 두 극단에 집착하지 않는 생각과 태도를 중도의 도리라고 했습니다. 그래서 중도의 도리는 천박하고 무익한 감각적 쾌락을 추구하지 않고, 고통스럽고 무익한 자학적인 고행을 추구하지 않는 것입니다. 그래서 붓다의 중도(中道)에 대한 가르침은 유(有)나 공(空)에 치우치지 말고 무쟁(無諍)의 도리를 취하고 고행과 쾌락을 버린 팔정도(八正道)의 도리를 성취하라는 것입니다. 즉, 사람이 양극단의 가치를 멀리하고 중도(中道)의 길을 따를 때, 그 사람에게는 안목이 생기고 지혜를 깨닫게 됨으로써 열반(涅槃)을 성취하게 된다는 것입니다.

라) 해탈과 열반

불교가 말하는 해탈이란 인간이 속세적인 모든 속박으로부터 벗어나 자유롭게 되는 상태 또는 인간의 근본적 아집(我執)으로부터의 해방을 의미합니다. 즉, 해탈이란 불교에서 추구하는 이상으로서, 갈애로 인한 모든 번뇌에서 벗어나 자유로운 경지에 이르는 것을 의미합니다.

그리고 열반이란 마치 타고 있는 불을 바람이 불어와 꺼 버리듯이, 타오르는 번뇌의 불꽃을 지혜로 꺼서 일체의 번뇌와 고뇌가 소멸된 상태를 말합니다. 즉, 열반이란 적정(寂靜)한 최상의 안락(安樂)이 실현된 상

---

46   이중표 역해, 『정선 맛지마 니까야』, (서울: 불광출판사, 2020), 821.

태를 의미하며 탐(貪), 진(瞋), 치(痴)로 인한 번뇌로부터 완전히 해탈한 상태가 열반입니다. 다르게 말하면 열반이란 수행에 의해 진리를 체득하여 미혹과 집착을 끊고 일체의 속박에서 자유로워진 최고의 경지를 말합니다. 즉, 번뇌에 속박된 차안(此岸: 이쪽 언덕의 현상 세계)을 떠나 아무 걱정 근심이 없고 완전히 자유로운 열반의 세계, 피안(彼岸: 저쪽 언덕의 이상향)으로 옮겨가는 것을 의미합니다. 그래서 열반과 해탈은 같은 의미이고 해탈은 열반의 동적(動的) 표현이라고 말할 수 있습니다. 그래서 불교는 해탈과 열반을 성취하려면 '자아'는 망상이고 '세상'은 실체가 없는 허상이라는 것을 깨달아 내가 붙들고 있는 나의 '자아' 또는 '자의식'을 모두 버려야 한다고 가르칩니다. 그래서 불교는 참선(參禪)을 통한 선정(禪定)과 다양한 수행법을 가르칩니다.

3) 불교의 선정과 수행

불교는 기독교와 같은 의미의 '구원'이라는 말을 쓰지 않고 '제도'라는 말을 씁니다. '제도'라는 불교의 용어는 '자아'와 '나'를 부정하고 '무아'와 '공'을 깨달아 해탈의 경지에 이르는 방도를 가르치는 것입니다. 즉, '제도'는 중생들에게 해탈과 열반을 성취하는 지혜와 방법을 가르치는 것입니다.

'영혼'의 존재를 부정하는 불교가 추구하는 '제도'의 목적은 기독교와 같이 '죄'로부터 영혼을 구원하는 것이 아니고 업(業)으로 인하여 연기되는 모든 번뇌로부터 해탈하고 열반을 성취하도록 돕는 것입니다. 그러나 불교의 구제는 각 사람이 스스로 성취해야 하는 일이며, 그 누구도 대신해 줄 수 없습니다. 그래서 불교는 모든 업보는 자업자득과 인과응보의 법칙에 따라 자기가 감당해야 하고 윤회를 벗어나는 일도 스스로 찾아야 한다고 가르칩니다. 그래서 불교는 인간만이 인간을 고통으로부터 건져낼 수 있고 자신만이 자신의 죄를 씻어 낼 수 있다는 '자력구원'을 가르칩니다. 그러면 불교가 자신의 구원을 위해 실천해야 한다는 수행은 무엇이고 선정이란 무엇인지 알아봅니다.

첫째, 불교의 수행은 '나'에게서 '자아'라는 개념을 어떻게 없애고 어떻게 초월하는가를 깨닫기 위한 공부로 시작하고 깨달음으로 마칩니다.[47] 그래서 불교의 수행은 출발점이 같고 귀착점이 같다고 합니다.[48] 즉, 불교의 공부는 '나'로부터 '내'가 떨어지는 공부, 즉 자아(自我)를 버리고 무아(無我)의 경지에 올라 해탈하는 수행입니다. 자아를 버려야 하는 이유는, '내'가 있기에 망상이 붙고 탈이 붙고 병이 붙으며, 모든 악한 것들을 '내'가 만들기 때문입니다. 그러므로 '나'를 떼어 버리는 공부는 평소에 해야 하고 끊이지 말고 부지런히 계속해야 하며, '나'라는 생각이 나에게서 떨어질 때까지 노력해야 하는 것입니다.[49]

둘째, 불교 수행법의 핵심은 붓다가 가르친 사념처(四念處)에 대한 주의집중이라고 합니다. 붓다는 중생이 근심과 슬픔을 극복하고, 괴로움과 불만을 소멸하는 방법을 터득하여 열반을 자증(自證)할 수 있는 방

---

47 최준식, 『한국의 종교, 문화로 읽는다 I』, (경기: 사계절출판사, 1998), 285.

48 우룡, 『불교의 수행법과 나의 체험』, (서울: 효림출판사, 2016), 137.

49 우룡, 『불교의 수행법과 나의 체험』, (서울: 효림출판사, 2016), 139.

도로 '네 가지 주의집중'을 가르쳤다고 합니다.[50] 붓다가 가르친 사념처
(四念處)는 몸과 그 대상인 느낌, 마음과 그 대상인 법에 대한 '주의집중
(satipaṭṭhāna)'을 말합니다.[51] 붓다는 사념처(四念處) 수행법이 열반을

---

50 이중표, 『정선 디가 니까야』, (서울: 불광출판사, 2019), 378.

51 붓다가 가르친 사념처 수행이란 안으로 법(法)을 관찰하면서 법에 머물고, 밖으로 법(法)을
    관찰하면서 법에 머물고, 안과 밖으로 법을 관찰하면서 법에 머문다. 그리고 모여서 나타나
    는 법(集法)을 관찰하면서 법에 머물고, 소멸하는 법을 관찰하면서 법에 머물고, 모여서 나타
    나고 소멸하는 법을 관찰하면서 법에 머문다. 그리하면 단지 알아차릴 정도로만, 단지 주의
    집중을 할 수 있을 정도로만, '법이 있다'고 생각하는 '주의집중'이 일어난다. 비구는 이와 같
    이 법(法)을 관찰하면서 사성제(四聖諦) 법에 머물게 되는 것이다. 이와 같은 불교의 수행은
    사념처(몸과 그 대상인 느낌, 마음과 그 대상인 법)에서 시작되어 팔정도 수행으로 사성제(四
    聖諦)의 법을 깨닫는 것이다. 그래서 붓다가 가르친 사념처 수행이란 세간에 대한 탐욕과 불
    만을 제거하는 수행으로써, 삼십칠조도품(三十七助道品)으로 구성되어 있다. 즉, 삼십칠조도
    품은 사념처, 사정근, 사신족, 오근, 오력, 칠각지, 팔정도(八正道)를 말하며, 모든 항목은 '네
    가지 주의집중' 즉, 사념처(四念處) 수행을 돕는 것이다. 그리고 수행의 과정을 말하자면, '사
    념처에 대한 주의집중'으로 시작된 수행은 자연스럽게 사정근(四正勤)으로 이어진다. 사정근
    이란 자신의 몸과 마음을 '주의집중'하여 살피는 가운데, 자신의 못된 점은 반성하여 없애고,
    좋은 점은 살펴서 키워 가는 수행을 말한다. 그러므로 사정근은 사념처와 다른 수행이 아니
    라 사념처 수행의 연장으로 생각하면 된다. 그리고 사신족(四神足)은 사정근을 통해서 자신
    의 의지와 마음이 속박에서 벗어나 자유롭게 된 것을 의미한다. 욕망에 구속된 일상적인 삶
    에서 벗어나 마땅히 해야 할 일에 의욕을 일으키고, 바른 생각을 일으켜서 사념처 수행을 자
    신의 뜻대로 수행할 수 있게 되는 것을 사신족이라고 한다. 그리고 오근(五根)은 사신족의 성
    취를 통해서 불교수행에 확신을 가지고(信根) 정진하면서(精進根) 염처 수행을 통해서(念根)
    선정에 들어(定根) 지혜가 밝아지게 되는(慧根) 것을 의미한다. 그리고 오력(五力)은 오근이
    수행자의 삶을 이끄는 힘으로 성장한 것을 의미한다. 즉, 오근이 신력(信力) 정진력(精進力)
    염력(念力) 정력(定力) 혜력(慧力)의 오력으로 성장된 것을 의미한다. 그리고 칠각지(七覺支)
    는 염각지(念覺支), 택법각지(擇法覺支), 정진각지(精進覺支), 희각지(喜覺支), 경안각지(輕安
    覺支), 정각지(定覺支), 사각지(捨覺支)를 말한다. 칠각지에서 염각지는 사념처를 의미하고,
    택법각지와 정진각지는 사정근을 의미한다. 그리고 희각지, 경안각지, 정각지, 사각지는 사
    신족과 오근과 오력을 통해서 얻게 되는 선정(禪定)을 의미한다. 마지막으로 팔정도(八正道

성취하는 유일한 길이고, 중생이 근심과 슬픔을 극복하고, 괴로움과 불만을 소멸하며 열반을 자증(自證)할 수 있는 유일한 길이라고 가르쳤다고 합니다.[52]

셋째, 불교의 수행법 중에서 대승불교에서 개발된 참선(參禪) 수행법이 매우 독특합니다. 참선 수행은 마음을 단속하는 것이고 염불과 주력도 마음 단속이며, 참회 · 기도 · 간경(看經) 등의 모든 공부가 똑같은 마음의 단속이라고 합니다.[53] 그래서 불교의 경전들은 모두 마음을 단속하는 이야기에 집중되어 있고, 마음 단속 공부가 끝난 다음의 이야기도 모두 마음의 테두리 안에서 이루어진다고 합니다.

그러면 참선(參禪)이란 어떤 수행을 말하는가? 참선(參禪)이란 좌선(坐禪)하여 선도(禪道)를 수행(修行)하는 것입니다. 그리고 참선은 자기 힘으로 자기의 본래면목(本來面目)을 직접 찾아 해탈하는 수행법으로서 자기의 마음자리가 어떠하고 그것이 어디에 있는지를 직접 체득하는 것이라고 합니다. 그래서 참선 수행법으로는 묵조선(黙照禪)과 간화선(看話禪)이라는 두 개의 큰 가닥이 있습니다. 묵조선은 묵묵히 자기 마음자리를 돌아보는 수행법이고, 간화선은 화두(話頭)에 의지하여 닦는 선법으로, 달리 화두선(話頭禪)이라고도 합니다.[54] 묵조선(黙照禪)의 시조 달

또는 八聖道)는 정견(正見), 정사(正思), 정어(正語), 정업(正業), 정명(定命), 정정진(正精進), 정념(正念), 정정(正定)으로 이루어진다.

52 이중표, 『정선 디가 니까야』, (서울: 불광출판사, 2019), 408.

53 우룡, 『불교의 수행법과 나의 체험』, (서울: 효림출판사, 2016), 138.

54 우룡, 『불교의 수행법과 나의 체험』, (서울: 효림출판사, 2016), 115-116.

마대사(達磨大師)는 구년면벽(九年面壁) 수행으로 득도하였다고 합니다. 즉, 9년간 벽을 향(向)하고 앉아 마음을 가다듬는 참선(參禪)을 했다는 것입니다.[55] 그런가 하면 우리나라 조계종 7대 종정 성철스님은 8년간 눕지도 않고 앉은 채로 자고 깨며 수행하는 장좌불와(長坐不臥)를 실천했다고 합니다. 그리고 성철 종정은 제자들에게 잠을 적게 잘 것, 말하지 말 것, 책을 보지 말 것, 간식을 먹지 말 것, 돌아다니지 말 것 등을 권하였다고 합니다. 그뿐만 아니라 성철 스님 자신도 청빈하게 생활하며 소금기 없는 음식을 먹고 작은 암자에서 살았다고 합니다.[56]

그런데 우리나라 불교의 수행법은 대체로 간화선(看話禪)을 중심으로 실행된다고 알려져 있습니다. 간화선(看話禪)이란 화두(話頭)에 의지하는 수행법이며 불교에는 무려 1,700여 가지 화두가 축적되어 있다고 합니다. 그리고 중국 송나라 때의 대혜(大慧)선사가 그중에서 다음과 같은 여섯 가지 화두를 선택하여 간화선 수행법을 정립했다고 합니다.[57]

첫째, 문원스님이 조주선사께 여쭈었다.

"개에게도 불성이 있습니까? 없습니까?

"무[無]."

---

55 선종(禪宗)의 개조(開祖) 달마(達磨) 대사(大師)가 승산 소림굴에서 벽을 향(向)하여 참선(參禪)하기를 9년 동안 하여 도(道)를 깨달았다는 옛일의 일컬음.

56 성철[性徹]: 한국민족문화대백과, 한국학중앙연구원 등.

57 우룡, 『불교의 수행법과 나의 체험』, (서울: 효림출판사, 2016), 118-119.

둘째, 어떤 스님이 조주선사께 여쭈었다.

"달마 대사가 서쪽에서 온 까닭이 무엇입니까?"

"뜰 앞의 잣나무니라[庭前柏樹子]."

셋째, 어떤 스님이 동산선사께 여쭈었다.

"어떤 것이 부처입니까?"

"삼베 세 근이니라[麻三斤]."

넷째, 어떤 스님이 운문선사께 여쭈었다.

"어떤 것이 부처입니까?"

"마른 똥막대기이니라[乾屎厥: 간시궐]."

다섯째, 방거사가 마조스님께 여쭈었다.

"만법을 초월하여 홀로 있는 사람은 누구입니까?"

"그대가 서강(西江)의 물을 한 입에 다 마신 뒤에 말해 주
리라[待汝一口吸盡西江水]."

여섯째, 어떤 스님이 운문선사에게 물었다.

"부처님께서 나오신 곳이 어디입니까?"

"동산이 물 위로 가느니라[東山水上行]."

화두선(話頭禪) 수행은 이처럼 "똥딴지같은 화두"에 대하여 간절한 의
심을 일으키면, 본래면목·근본마음자리·주인공을 찾는 가장 좋은 길

잡이가 된다고 합니다. 여기서 본래면목이란 자신이 본디부터 지니고 있는 천연 그대로의 심성(心性)을 말하고, 근본마음자리는 불생불멸하고 불변하여 일여평등체(一如平等體)인 부처의 마음을 의미합니다. 그리고 주인공은 득도한 사람을 말합니다. 즉, 화두선 또는 간화선이란 이러한 뚱딴지같은 화두 한 가지를 받고 '어째서?', '왜?', '무슨 뜻으로?' 그렇게 말씀하셨는가를 깨닫기 위해 정신을 집중하다 보면, 어느 순간에 의문덩어리가 '탁 터지면서' 그 뜻을 깨닫게 된다고 합니다.[58]

필자의 작은 머리로는 화두선이라는 수행법이 어렵게 느껴지기도 하지만 해탈과 열반이라는 수행의 목표를 생각할 때, 소모되는 인간의 노력이 지나치게 막중하다고 생각합니다. 자아(自我)는 망상이고 세상의 실체는 허상(虛像)이라는 것과 일체개고, 제법무상, 열반적정의 삼법인을 깨달아 무아(無我)와 공(空)의 도를 성취해야 모든 번뇌를 벗어나 해탈하고 열반적정에 들어간다는 가르침이, 이처럼 복잡하고 어렵고 지난한 과정을 겪어야만 깨달을 수 있는 문제인가, 그런 생각을 합니다. 아무래도 필자는, 불교의 가르침이 오묘한 것 같아도, 다만 '자기를 부인하고 진리를 따르며 자기를 희생하여 인간을 사랑하는 삶을 살면 모두 해결되는 문제'라고 생각합니다. 그래서 필자는 불교가 인간을 탐진치의 삼독이 만들어 내는 번뇌로부터 해방시키는 종교가 아니라 오히려 인간에게 성취하기 어려운 해탈과 열반이라는 숙제를 안겨 주고 "뚱딴지같

---

58   우룡, 『불교의 수행법과 나의 체험』, (서울: 효림출판사, 2016), 120.

은 번뇌"에서 헤매게 만드는 종교라고 생각합니다.

여기서 독자들을 위해 "성경"의 가르침을 간단하게 살펴보겠습니다. "성경"에서 예수 그리스도는 누구든지 나를 따라오려거든 자기를 부인하고 자기 십자가를 지고 나를 따르라고 하셨습니다(마 16:24). 자기를 부인한다는 것은 자기의 존재를 내려놓고 자신의 모든 것을 예수 그리스도를 주인으로 영접한다는 뜻입니다. 즉, 자신의 경험, 지식, 판단을 믿지 않고 하나님의 말씀과 법도에 순복한다는 뜻입니다. 그리고 '자기 십자가를 지고 나를 따르라'는 말씀은 자기의 모든 것으로 가난하고 어렵고 약한 사람을 도우라는 뜻입니다. 즉, 예수 그리스도를 따르는 사람은 "서로 사랑하라"(요 13:34)는 새 계명에 순종하라는 가르침입니다. 그리고 예수 그리스도는 자신의 가르침과 명령에 순종하는 사람에게 세상이 주는 것과 같지 않은 "평안"을 주신다고 약속하셨습니다. "평안을 너희에게 끼치노니 곧 나의 평안을 너희에게 주노라 내가 너희에게 주는 것은 세상이 주는 것과 같지 아니하니라 너희는 마음에 근심하지도 말고 두려워하지도 말라"(요 14:27). 그러나 이러한 믿음의 평안은 자신의 죄를 회개하고 하나님이 자기의 주(主)로 고백한 사람에게만 주어지는 평안입니다. 사도 바울은 예수 그리스도께서 주시는 평안을 받으려면 자기의 믿음을 입술로 고백해야 한다고 말했습니다.

네가 만일 네 입으로 예수를 주로 시인하며 또 하나님께
서 그를 죽은 자 가운데서 살리신 것을 네 마음에 믿으면
구원을 받으리라 사람이 마음으로 믿어 의에 이르고 입

으로 시인하여 구원에 이르느니라(롬 10:9~10).

　이렇듯 기독교의 가르침과 불교의 가르침은 옳고 그름을 평가하거나 비교할 수는 없습니다. 그러나 불교의 가르침은 단어와 용어를 이해하는 일부터 어렵고 또 자기 구원은 스스로 이루어야 합니다. 하지만, 예수 그리스도의 복음은 누구든지 읽을 수 있고 들을 수 있고 이해할 수 있으며, 다만 예수 그리스도를 믿음으로 말미암아 구원을 받게 됩니다. 그러므로 필자의 관점에서 볼 때, 어느 종교의 가르침을 따라 자기를 구원할 것인가의 문제는 개인의 선택에 달려 있다고 생각합니다.

2. 기독교는 어떤 종교인가?

1) 기독교 세계관

　기독교는 "성경"의 '창세기 1장'에 기록된 하나님의 천지창조를 진리로 믿습니다. 기독교는 태초에 하나님이 천지와 만물을 창조하셨으며 빛과 어둠을 나누시어 밤과 낮을 정하시고, 하늘과 땅 그리고 바다의 경계를 정하시고, 그 모든 것에 질서를 부여하셨다고 믿습니다.

　그리고 기독교는 하나님이 창조하신 생명체들은 완전하였고 완전함을 지속시키는 개체들로 창조되었음을 믿습니다. 즉, 하나님께서 창조하신 모든 생명체 즉, 인간이든 동물이든 식물이든 모든 생물은 암컷과 수컷으로 창조되었으며 종류(種類)별로 창조되었고, 생식능력을 지닌 '완전한 개체'로 창조되었음을 믿습니다. 즉, 기독교인들은 하나님이 달걀을 만드시고 병아리로 부화된 후 닭으로 성장하기를 기다리신 것이 아니라 처음부터 알을 낳을 수 있는 닭을 창조하셨다는 말입니다. 인간의 창조에서도 원숭이를 만드시고 사람으로 진화되기를 기다리신 것이 아니라 처음부터 인간 즉, 사람을 창조하신 것입니다. 그래서 인간은 자식을 낳고, 동물들은 새끼를 낳고, 새와 물고기는 알을 낳으며 생육(生育)하는 과정을 통하여 하늘과 땅과 물속에서 생명체의 창조가 지속되게 하셨다고 믿습니다. 또한 하나님께서는 창조하신 모든 생명체에게 종족보존의 본능을 주셔서 생식활동과 양육활동을 기쁘게 하셨으며 부모의 자식 사랑과 어미의 새끼 사랑은 그 본질이 동일하도록 만드셨다고 믿습니다. 또한 땅에서 자라나는 식물들이 모든 생명체들의 먹을거리가 되게 하심으로써 자연 세계를 풍요로움과 아름다움으로 충만케 하셨다고 믿습니다.

특히 하나님은 인간을 지으시되 자기 형상을 닮은 선한 인격적 존재로 창조하셨으며, 남자와 여자를 창조하시어 하나님이 지으신 피조물들을 다스리게 하셨습니다(창 1:28). 하나님이 창조하신 사람은 선할 뿐 아니라 매우 지혜롭고 지적인 존재였습니다. 최초의 사람 '아담'의 지적 능력은, 하나님께서 자신에게 이끌어 오신 모든 동물들의 이름을 지어주었을 정도로 높은 수준이었습니다.

> 여호와 하나님이 흙으로 각종 들짐승과 공중의 각종 새
> 를 지으시고 아담이 무엇이라고 부르나 보시려고 그것
> 들을 그에게로 이끌어 가시니 아담이 각 생물을 부르

는 것이 곧 그 이름이 되었더라 아담이 모든 가축과 공
중의 새와 들의 모든 짐승에게 이름을 주니라(창세기
2:19~20)

그리고 하나님이 창조하신 인간은 이성과 아름다움에 대한 사랑의 감
정이 풍부한 정서적 존재였습니다. 아담의 인품이 매우 감성적이고 시
적이었다는 것은 그가 하와를 처음 대면했을 때 여실히 드러났습니다.
아담이 하와를 보며 "이는 내 뼈 중의 뼈요 살 중의 살이라"(창 2:23)
고 고백했다는 사실에서 그에게 주어진 수준 높은 시적 감성을 느낄 수
있습니다. 또한 인간은 수치스러움과 부끄러움이 무엇인 줄 알며(창
2:25), 양심을 가진 존재로서 죄를 지으면 하나님을 두려워할 줄 알고
(창 3:8~10), 신체적으로도 남녀가 한 몸을 이루고 자식을 낳고 기르는
완전한 사람이었습니다(창 3:16; 4:1).

그래서 기독교는 하나님의 창조가 완벽하고 완전하였다고 믿습니다.
그리고 우주만물 중에 하나님이 창조하시지 않은 것은 존재하지 않는다
고 믿으며, 하나님의 권능과 섭리에 순응하지 않는 것은 생명을 지속할
수 없다고 믿습니다.

그러나 기독교는 인간의 본성이 타락하여 완전히 악하게 변했다고 믿
습니다. "성경"에 따르면, 본성이 거룩하신 하나님께서는 본래 인간에게
선악을 판단하는 능력을 주시지 않으셨습니다. 왜냐하면 선악을 판단할
수 있는 권세와 능력은 오직 하나님께만 있기 때문입니다. 그래서 여호
와 하나님은 아담에게 명하여 이르시되, 동산 각종 나무의 열매는 네가
임의로 먹되 '선악을 알게 하는 나무의 열매는 먹지 말라 네가 먹는 날에

는 반드시 죽는다'고 경고하셨습니다(창 2:16~17). 그런데 하와가 사탄의 계교와 유혹을 이겨내지 못하고, 하나님의 금지(禁止)를 무시하고 그 열매를 따먹고 아담에게도 먹게 함으로 말미암아 인간의 본성은 타락하여 악하게 변하게 된 것입니다. 즉, 인간은 하나님이 원치 않으셨던 선악을 분별하는 능력을 가지게 되었지만 그 대신 선한 본성이 타락하여 악하게 변해 버린 것입니다. 신학(神學)은 사탄의 말을 따라 하나님을 배반하고, 선하게 창조된 인간의 본성을 타락시킨 이 악행을 "원죄(原罪)"라고 부릅니다. "성경"에 기록된 아담과 이브의 본성이 타락하여 악하게 변하게 된 과정은 이렇습니다.

> 여호와 하나님이 그 사람을 이끌어 에덴 동산에 두어 그 것을 경작하며 지키게 하시고 여호와 하나님이 그 사람에게 명하여 이르시되 동산 각종 나무의 열매는 네가 임의로 먹되 선악을 알게 하는 나무의 열매는 먹지 말라 네가 먹는 날에는 반드시 죽으리라 하시니라(창세기 2:15~17)

> 그런데 뱀은 여호와 하나님이 지으신 들짐승 중에 가장 간교하니라 뱀이 여자에게 물어 이르되 하나님이 참으로 너희에게 동산 모든 나무의 열매를 먹지 말라 하시더냐 여자가 뱀에게 말하되 동산 나무의 열매를 우리가 먹을 수 있으나 동산 중앙에 있는 나무의 열매는 하나님의 말씀에 너희는 먹지도 말고 만지지도 말라 너희가 죽을

까 하노라 하셨느니라 뱀이 여자에게 이르되 너희가 결
코 죽지 아니하리라 너희가 그것을 먹는 날에는 너희 눈
이 밝아져 하나님과 같이 되어 선악을 알 줄 하나님이 아
심이니라(창세기 3:1~5)

여자가 그 나무를 본즉 먹음직도 하고 보암직도 하고 지
혜롭게 할 만큼 탐스럽기도 한 나무인지라 여자가 그 열
매를 따먹고 자기와 함께 있는 남편에게도 주매 그도
먹은지라 이에 그들의 눈이 밝아져 자기들이 벗은 줄
을 알고 무화과나무 잎을 엮어 치마로 삼았더라(창세기
3:6~7)

그들이 그날 바람이 불 때 동산에 거니시는 여호와 하나
님의 소리를 듣고 아담과 그의 아내가 여호와 하나님의
낯을 피하여 동산 나무 사이에 숨은지라 여호와 하나님
이 아담을 부르시며 그에게 이르시되 네가 어디 있느냐
이르되 내가 동산에서 하나님의 소리를 듣고 내가 벗었
으므로 두려워하여 숨었나이다(창세기 3:8~10)

이르시되 누가 너의 벗었음을 네게 알렸느냐 내가 네게
먹지 말라 명한 그 나무 열매를 네가 먹었느냐 아담이 이
르되 하나님이 주셔서 나와 함께 있게 하신 여자 그가 그
나무 열매를 내게 주므로 내가 먹었나이다 여호와 하나

연꽃과 포도의
오해와 진실

님이 여자에게 이르시되 네가 어찌하여 이렇게 하였느
냐 여자가 이르되 뱀이 나를 꾀므로 내가 먹었나이다(창
세기 3:11~14)

사실 원죄(原罪)의 해악은 참으로 엄청납니다. 첫째, 원죄로 인하여 1000년 가까이 장수했던 인간의 수명이 불과 백이십 년으로 단축되었습니다(창 6:3). 둘째, 원죄는 인생이 겪는 수고와 고통의 원인(原因)이 되었습니다. 인간이 원죄의 유전(遺傳)을 피할 수 없는 이유는 인간의 기본적인 성품과 형질은 부모를 통하여 자식에게 유전되도록 하나님이 미리 정해 놓으셨기 때문입니다. 셋째, 원죄로 인하여 인간은 하나님의 동산 밖으로 쫓겨났고 하나님으로부터 격리되었습니다. 즉, 본성이 거룩하신 하나님께서는 '죄'를 용납하시지 않으시며 '죄인'과 함께하시지도 않기 때문에 타락한 인간은 하나님의 동산에서 쫓겨났고, 하나님과의 관계도 단절된 것입니다.

여호와 하나님이 뱀에게 이르시되 네가 이렇게 하였으
니 네가 모든 가축과 들의 모든 짐승보다 더욱 저주를 받
아 배로 다니고 살아 있는 동안 흙을 먹을지니라 내가 너
로 여자와 원수가 되게 하고 네 후손도 여자의 후손과 원
수가 되게 하리니 여자의 후손은 네 머리를 상하게 할 것
이요 너는 그의 발꿈치를 상하게 할 것이니라 하시고(창
세기 3:14~15)

또 여자에게 이르시되 내가 네게 임신하는 고통을 크게
더하리니 네가 수고하고 자식을 낳을 것이며 너는 남편
을 원하고 남편은 너를 다스릴 것이니라 하시고(창세기
3:16)

아담에게 이르시되 네가 네 아내의 말을 듣고 내가 네게
먹지 말라 한 나무의 열매를 먹었은즉 땅은 너로 말미암
아 저주를 받고 너는 네 평생에 수고하여야 그 소산을 먹
으리라 땅이 네게 가시덤불과 엉겅퀴를 낼 것이라 네가
먹을 것은 밭의 채소인즉 네가 흙으로 돌아갈 때까지 얼
굴에 땀을 흘려야 먹을 것을 먹으리니 네가 그것에서 취
함을 입었음이라 너는 흙이니 흙으로 돌아갈 것이니라
하시니라(창세기 3:16~19)

아담이 그의 아내의 이름을 하와라 불렀으니 그는 모
든 산 자의 어머니가 됨이더라 여호와 하나님이 아담과
그의 아내를 위하여 가죽옷을 지어 입히시니라(창세기
3:20~21)

여호와 하나님이 이르시되 보라 이 사람이 선악을 아는
일에 우리 중 하나 같이 되었으니 그가 그의 손을 들어 생
명 나무 열매도 따먹고 영생할까 하노라 하시고 여호와
하나님이 에덴 동산에서 그를 내보내어 그의 근원이 된

땅을 갈게 하시니라 이같이 하나님이 그 사람을 좇아내
시고 에덴 동산 동쪽에 그룹들과 두루 도는 불 칼을 두어
생명 나무의 길을 지키게 하시니라(창세기 3:22~24)

그러므로 인간은 죄를 용서받아야 하고 하나님과의 관계를 회복시켜서 하나님이 주시는 구원의 은총을 받아야만 하는 숙명을 지니게 된 것입니다.

2) 기독교인의 믿음

기독교는 "성경"에 기록된 하나님의 천지와 만물 창조와 인간의 타락과 예수 그리스도를 통한 하나님의 구원, 그리고 그리스도의 부활과 재림 및 심판과 영생을 믿는 종교입니다. 그래서 기독교인들의 교회는 하나님께 예배를 드릴 때마다 자신의 신앙을 다음과 같이 고백합니다.

신경(信經)

전능하사 천지를 만드신 하나님 아버지를 내가 믿사오며
그 외아들 우리 주 예수 그리스도를 믿사오니
이는 성령으로 잉태 하사 동정녀 마리아에게 나시고
본디오 빌라도에게 고난을 받으사
십자가에 못 박혀 죽으시고
장사한지 사흘 만에 죽은 자 가운데서 다시 살아나시며

하늘에 오르사 전능하신 하나님 우편에 앉아 계시다가

저리로서 산 자와 죽은 자를 심판하러 오시리라.

나는 성령을 믿사오며 거룩한 공회와 성도가

서로 교통하는 것과 죄를 사하여 주시는 것과

몸이 다시 사는 것과 영원히 사는 것을

믿사옵나이다. 아멘

3) 기독교인의 소망

기독교인들은 거의 매일 하나님께 소망의 기도를 올립니다. 자신의 일상을 하나님과 함께하고 하나님의 인도와 보호를 받으며 하나님의 영광을 위해 살겠다는 소망의 기도를 올립니다.

주기도(主祈禱)

하늘에 계신 우리 아버지여

이름이 거룩히 여김을 받으시오며

나라이 임하옵시며 뜻이 하늘에서 이룬 것같이

땅에서도 이루어지이다.

오늘날 우리에게 일용할 양식을 주옵시고

우리가 우리에게 죄 지은 자를 사하여 준 것같이

우리 죄를 사하여 주옵시고

우리를 시험에 들게 하지 마옵시고

다만 악에서 구하옵소서.

대개 나라와 권세와 영광이

아버지께 영원히 있사옵나이다. 아멘

  예수 그리스도께서 가르쳐 주신 이 기도는 주문처럼 외우는 것이 아니라 자신의 신앙을 점검하고 회심하며 성화를 추구하는 마음가짐으로 경건하게 올려야 합니다.

4) 여호와 하나님은 삼위일체이시다

  기독교는 여호와 하나님이 삼위일체로 실재하신다고 믿습니다. 즉, 여호와 하나님은 스스로 존재하시고(출 3:14), 이름은 여호와(출 6:2)이시며 성부-성자-성령의 삼위일체(三位一體)로 실재하십니다. 그리고 성부와 성자와 성령의 삼위일체는 본질에 있어서 동등하고 권능과 영광도 동등하시며 서로가 분리될 수 없는 한 분 하나님이십니다(마 28:19; 고후 13:13).[59] 하나님이 삼위일체로 실재하신다는 교리의 근거는 "성경"에 기록된 말씀들입니다. 즉 성자 그리스도께서 "나와 아버지는 하나"라고 말씀하셨으니(요 10:30) 성부 하나님과 성자는 분리될 수 없습니다. 그리고 "그는 근본 하나님의 본체시나 하나님과 동등 됨을 취할 것으로 여기지 아니하시고"(빌 2:6)라는 말씀은 성부와 성자가 동등하다는 성령

---

59 Geoffrey W. Bromiley, "The Trinity", ed. Everett F, Harrison, Baker's Dictionary of Theology (Grand Rapids, Mich.: Baker, 1960), 531.

의 가르침입니다. 그러므로 성부의 역사는 성자의 역사와 분리할 수 없습니다. 그리고 성령도 성부와 성자로부터 분리될 수 없습니다. 왜냐하면 성령은 성부와 성자의 영이시기 때문입니다. 이 진리는 그리스도에 의해 계시되고 사도들의 신앙고백으로 증명됩니다. 그리스도께서 "그는 진리의 영이라 세상은 능히 그를 받지 못하나니 이는 그를 보지도 못하고 알지도 못함이라 그러나 너희는 그를 아나니 그는 너희와 함께 거하심이요 또 너희 속에 계시겠음이라"(요 14:17)고 말씀하셨습니다. 그리고 사도 바울은 "너희 몸은 너희가 하나님께로부터 받은바 너희 가운데 계신 성령의 전인 줄을 알지 못하느냐"(고전 6:19)라고 가르쳤습니다. 그래서 삼위일체 세 위격을 올바로 이해하기 위해 우리는 예수님이 십자가에서 죽음으로 감당하신 구속사역을 중심으로 정리해 볼 필요가 있습니다. 즉, 성자 하나님 예수 그리스도를 이 세상에 인간의 몸으로 태어나게 하시고, 인간을 죄로부터 구원하기 위해 십자가에서 화목제물이 되게 하신 분은 성부(聖父) 여호와이십니다. 그리고 인간을 죄로부터 구원하시려는 하나님의 뜻을 이루기 위해 속죄의 양이 되셔서 십자가에서 대속의 죽음을 죽으신 분은 성자(聖子) 예수 그리스도이십니다. 또한 성자의 십자가 대속사역을 도우시고 그를 죽음에서 부활케 하셔서 하나님의 구원의 은총을 만민에게 적용하시는 분은 성령(聖靈) 하나님 보혜사이십니다. 즉, 성부께서 그리스도의 고난을 통한 인간의 구원을 계획하실 때 성자와 성령이 함께 계셨고, 성자가 십자가에서 죽으시고 부활하실 때 성부와 성령이 함께하셨습니다. 그러므로 우주만물의 생사화복을 주관하시며 모든 일을 주권적으로 통치하시는 위격을 생각할 때 우리는 성부 하나님 여호와를 생각하게 됩니다. 그리고 우리 인간을 구원하시려고 속죄의 양이 되어 십자가에서 대속의 죽음을 감당하신 위격을 생각할 때는 성자 하나님 예수 그리스도를 생각하게 됩니다. 또한 나의 영혼을 그리스도에게로 인도하시고, 나로 하여금 하나님의 진리를 깨닫게 하시며 나의 삶을 선하게 인도하시는 은혜로우신 위격을 생각하면 성령 하나님 진리의 영 보혜사를 생각하게 됩니다. 따라서 그리스도인들이 하나님께 예배를 드릴 때 올리는 찬양과 감사와 회개의 기도는 성령의 인도하심을 따라 성자 예수 그리스도의 이름으로 올리는 것이며 그 모든 영광은 삼위일체로 계시는 "여호와 하나님" 한 분이 받으시는 것입니다.

5) 예수 그리스도는 구원자이시다

기독교는 예수 그리스도를 믿는 종교입니다. 예수 그리스도는 은혜와 진리가 충만한 하나님의 말씀이고(요 1:14) 본질과 능력에서 하나님과 동등한 성육신(成肉身, incarnation) 하나님이십니다(빌 5-7). 예수 그리스도는 성령으로 잉태되어 동정녀 마리아에게서 태어나셨고, 자기 백성을 그들의 죄에서 구원하시는 '임마누엘' 하나님이십니다(마 1:21). 예수님의 십자가 죽으심과 부활은 하나님의 이 세상을 구원하시는 하나님의 사랑(요 3:16)과 나를 구원하시는 하나님의 사랑을 확증하신 것입니다(롬 5:8). 그러므로 예수 그리스도는 나의 구원자이십니다.

예수 그리스도를 통한 하나님의 인간 구원은 역사적 배경을 지니고 있습니다. 하나님은 타락한 인간을 에덴동산에서 쫓아내셨지만, 아담과 하와가 "생육하고 번성하여 땅에 충만하라"는 하나님의 뜻을 성취토록 하셨습니다. 즉, 땅 위에 인간들이 대를 이어 태어났으며, 생육하며 땅에 충만하기 시작했습니다.

그렇게 땅 위에 인간들이 번성하고 있을 때 하나님께서 보시니, 인간들의 삶은 죄악으로 가득하고 마음으로 생각하는 모든 계획이 항상 악할 뿐이었습니다. 그래서 하나님께서는 스스로 땅 위에 사람을 지으셨음을 한탄하시게 되었고 마음에 근심하시며 결국 인간과 동물 및 공중의 새까지 모든 숨 쉬는 것들 모두를 땅 위에서 쓸어버리기로 작정하셨습니다(창 6:5~7).

그러나 하나님은 창조 세계의 지속을 위하여 당대의 의인 노아와 그의 가족을 선택하셨고, 흠이 없고 건강한 동물들을 선별하셔서 방주에 담아 창조가 지속되도록 보전하셨습니다. 하나님은 자기가 선택한 인간과 동물들이 모두 방주에 들어간 후 방주의 뚜껑을 손수 닫아 주시고, 큰 비와 홍수를 일으켜서 지상의 모든 생명체를 멸절시키셨습니다(창 6, 7장). 즉, 하나님께서는 창조가 지속되도록 선별된 생명체들, 즉 노아의 가족과 선별된 동물들만 '방주'에 담으시고, 죄악으로 가득 찬 땅위의 모든 생명체를 지면에서 쓸어버리셨습니다.

"성경"의 기록에 의하면, 이처럼 홍수 심판이 끝난 후 여호와께서는 심중에 다시는 땅을 저주하지 아니할 것이고, 다시는 모든 생물을 멸하지 않으리라고 작정하셨습니다(창 8:21).

그러나 본성이 타락한 인간들은 한 무리가 되어 또다시 '바벨'에서 성읍과 탑을 건설하며 하나님의 뜻에 맞지 않는 집단행동을 했습니다. 그래서 하나님께서는 사람들의 언어를 혼잡하게 만들고 온 지면에 흩어져 살도록 하셨습니다(창 11:5~8). "성경"에 기록된 이 사실을 기독교는 바벨탑 사건이라고 가르칩니다.

그러나 이처럼 모든 생명체가 멸절되는 홍수 심판을 겪고 모든 언어가 뒤섞여 서로가 알아듣지 못하게 되어 온 지면에 흩어져 살게 되었는데도 불구하고 타락한 인간들의 악함은 고쳐지지 않았고 죄악 된 삶을 벗어나지 못했습니다. 결국 여호와 하나님께서는 인간을 구원하기 위한 하나님의 구속사(救贖史)를 펼치기 시작하셨습니다.

먼저 여호와께서는 아브라함을 선택하여 자신이 창조한 인간들에게 올바른 세계관을 형성해 주기 시작하셨습니다. 즉, 하나님은 아브람에게 자기는 주변 민족의 신들(els)과 같지 않은, 엘 샤다이(El Shaddai: 전능하신 하나님), 엘 엘욘(El Elion: 지극히 높으신 하나님), 엘 올람(El Olam: 영원하신 하나님)으로 계시하셨습니다.

이처럼 아브람을 통한 하나님의 세계관 형성 작업은 모세에게 스스로를 야웨(YHWH)로 계시하실 때까지 진행되었으며, 마침내 예수 그리스도라는 인물 안에서 절정에 달했습니다.[60] 즉, 하나님께서는 인간을 죄로부터 구원하시기 위해 동정녀 마리아를 통하여 예수 그리스도가 태어나게 하시고 그에게 인간의 죄짐을 맡기셨습니다. 그래서 예수 그리스도는 인간의 죄 값을 치르는 속죄의 양이 되어 십자가에서 죽었습니다. 그리고 하나님은 이러한 예수 그리스도의 십자가 죽음을 통하여 인간이 구원받을 수 있는 생명의 길을 인류사회에 제시해 주셨습니다.

하나님이 세상을 이처럼 사랑하사 독생자를 주셨으니

---

60   히버트, 『21세기 선교와 세계관의 변화』, 503.

이는 그를 믿는 자마다 멸망하지 않고 영생을 얻게 하려
하심이라 하나님이 그 아들을 세상에 보내신 것은 세상
을 심판하려 하심이 아니요 그로 말미암아 세상이 구원
을 받게 하려 하심이라(요한복음 3:16)

그러므로 누구든지 예수 그리스도를 구세주로 믿고 영접하면 구원을 받게 되는 것입니다. 이러한 하나님의 인간 구속사는 아브라함과의 언약에서 시작하여 예수 그리스도께서 성육신하시고 십자가에서 대속의 죽음을 감당하실 때까지 계속되었고, 예수 그리스도가 죽음에서 부활하여 승천하신 후 오늘에 이르기까지 약 4000여 년 동안 지속되고 있습니다. 그리고 이 세상과 인간의 역사는 예수 그리스도께서 심판의 주로 재림하시는 그날, 즉 종말(終末)을 향하여 일직선으로 나아가고 있는 것입니다. 그래서 예수 그리스도는 인류의 구원자이십니다.

6) 기독교는 부활을 믿는다

불교는 기독교의 '부활'에 대한 교리를 생(生)에 집착하며 '존재를 결박하는 가르침'이라고 봅니다. 그래서 불교는 예수의 부활에 대하여 환희하고 희망하는 기독교인들을 모두 자아와 생존에 결박된 자들로 봅니다. 즉, 기독교인들이 온갖 조건에 의해 형성되고 유지되며 변화하는 몸과 마음에 불멸하는 영혼이나 자아가 있다고 착각한다는 것입니다. 그리고 지속적으로 존재하고 싶어 하는 욕망 때문에 기독교인들은 어리석

게도 부활이라는 교리에 귀를 기울인다고 비판합니다.[61]

그러나 인간들이 무엇이라고 말하든 또 생각하든, 기독교는 예수 그리스도의 부활을 믿습니다. 예수 그리스도는 십자가에 못 박혀 죽으신 후 장사된 지 사흘 만에 죽은 자 가운데서 다시 살아나셨습니다(요 20:24-29). 그리고 "나는 부활이요 생명이니 나를 믿는 자는 죽어도 살겠고 무릇 살아서 나를 믿는 자는 영원히 죽지 아니하리니…"라는 말씀으로 우리에게 영생을 약속해 주셨습니다(요 11:25-26). 기독교가 가르치는 "부활"의 교리는 인간이 지어낸 이야기가 아니고 역사적인 사실입니다.

그러면 몸의 부활이란 구체적으로 무엇을 의미하는가? 4세기의 교부 아우구스티누스는 그의 『신앙편람』에서 부활교리에 대한 자신의 신앙을 다음과 같이 고백했습니다.

> 부활의 때에 영혼이 입게 될 몸은 완전하고 조화롭고 적합할 것입니다. 예컨대 조직이 덜된 태아들처럼 시간이 성취할 완전함에도 부족한 것이 없을 것이고, 장애아들처럼 형태면에서 부족한 것도 부활 때에는 완전함으로 채워질 것입니다. 그리고 단절된 어린 생명들이나 시간이 만들어 놓은 어떤 흠결도 남아 있지 않은 완전한 몸으로 부활할 것입니다.[62]

---

61   이제열, 『불교 기독교를 논하다』, (서울: 모과나무 2017), 222.

62   아우구스티누스, 『아우구스티누스: 고백록과 신앙편람』, 원성현/조용석/백충현 역(서울: 두란노아카데미, 2011), 558.

즉, 아우구스티누스는 부활의 때에, 죽은 자들이 썩지 아니할 것으로 다시 살아나고, 죽을 것이 죽지 아니함을 입게 될 것이라고 합니다. 즉, 죽으면 썩을 몸이 썩지 아니할 몸으로 변화될 것이고 이미 죽어서 썩은 몸은 썩지 아니할 몸으로 다시 살아나서 '최후의 심판'을 받게 된다는 것입니다. 부활에 관한 성경의 가르침은 다음과 같습니다.

> 진실로 진실로 너희에게 이르노니 죽은 자들이 하나님의 아들의 음성을 들을 때가 오나니 곧 이 때라 듣는 자는 살아나리라 아버지께서 자기 속에 생명이 있음같이 아들에게도 생명을 주어 그 속에 있게 하셨고 또 인자됨으로 말미암아 심판하는 권한을 주셨느니라 이를 놀랍게 여기지 말라 무덤 속에 있는 자가 다 그의 음성을 들을 때가 오나니 선한 일을 행한 자는 생명의 부활로, 악한 일을 행한 자는 심판의 부활로 나오리라(요 5:25~29)

아우구스티누스는 이러한 "성경"의 가르침에 대하여, 자연은 하나님의 명령을 좇아 모든 육체의 필요를 부족함 없이 내놓을 것이라고 했습니다. 그래서 부활의 때에 인간의 육신은 온전하게 될 것이며, 훼손된 것은 회복될 것이라고 합니다.

이와 같은 아우구스티누스의 통찰은 부활에 대한 우리의 의문을 거의 정리해 준 것으로 볼 수 있습니다. 즉, 부활의 때에 모든 육신이 완전함으로 회복된다고 믿을 때, 우리는 매장되지 않고 화장되어 산하에 뿌려진 죽음도 부활의 때에 온전한 몸을 입을 것이라고 생각할 수 있습니다.

또 장기와 시신을 의학적인 연구용으로 기부함으로써 몸에 상처를 입었거나, 전장에서 파괴되어 흩어진 죽음도 모두 온전하게 회복된다고 믿게 됩니다. 즉, 어느 때 어느 곳에서의 죽음이든, 하나님이 명하시는 부활은 "하나님의 정의의 요청을 충족시킬 수 있는 새로운 피조물"로 변화될 것이라는 희망을 갖게 합니다. 하나님은 분명히 "성경"을 통하여 자기의 백성들에게 몸과 영혼의 부활을 약속하셨습니다. 그래서 그리스도인들은 하나님께 예배를 드릴 때마다, "나는 죄를 용서받는 것과 몸의 부활과 영생을 믿습니다."라고 자신의 신앙을 고백합니다.

그래서 우리에게는 한 가지 의문이 생겨납니다. '그렇다면 악한 자들과 그리스도를 믿지 않는 사람들의 부활은 어떻게 되는가?'라는 의문을 가지게 됩니다. 이러한 의문에 대하여 아우구스티누스는 악한 자의 부활에 대해서는 더 이상 생각하지 말자고 했습니다. 예수 그리스도에 의하여 구속되지 못한 악한 자들의 부활에 대하여 우리가 구체적으로 생각할 필요가 없다는 것입니다. 왜냐하면 "성경"에 기록되기를 선한 자들을 위한 그리스도의 도시에서는 더 이상 죄를 짓는 의지가 없게 되어 영원한 생명 안에서 진실 되고 행복하게 살아갈 것입니다. 그러나 악한 자들을 위한 마귀의 도시에서는 더 이상 죄를 짓는 능력도 없어지고, 더 이상 죽을 수도 없는 영원한 죽음 안에서 비참한 '둘째 사망'(계 2:11; 20:6, 14)을 살게 된다고 가르칩니다.[63] 따라서 악한 자들이 모든 잘못된 부분을 그대로 가진 채 부활할 것인지 병들고 훼손된 지체들을 가지고 부활할

---

63   아우구스티누스, 『아우구스티누스: 고백록과 신앙편람』, 578-79.

것인지에 관하여 더 이상의 구체적인 생각을 하지 말자는 것입니다.

7) 예수 그리스도의 재림과 심판

기독교는 부활하신 예수 그리스도께서 심판의 주로 재림하실 것이며 그때는 '최후의 심판'이 있을 것이라고 믿습니다. 그래서 "성경"은 "한 번 죽는 것은 사람에게 정해진 것이요 그 후에는 심판이 있으리니"(히 9:27)라는 말씀으로 죽음 후에 있을 심판과 부활에 대하여 가르칩니다. 일반적으로 사람들은 이 심판을 '최후의 심판'으로 이해합니다. 예수 그리스도가 실행하는 '최후의 심판'은 인간의 선함과 악함이 구별되고 영생과 영벌이 결정되는 심판입니다. 그러나 "성경"에 기록된바, 예수 그리스도를 믿고 하나님의 자녀가 된 사람들은 심판을 받지 않습니다(요 3:16-18).

8) 기독교는 역사의 종말을 믿는다

기독교는 여호와 하나님께서 창조하신 이 세상의 역사는 시작과 끝이 있으며, 그 끝을 '종말'이라고 부릅니다. 그리고 하나님이 정하시는 종말의 때에 이르면, 부활하신 예수 그리스도께서 재림하셔서 산자와 죽은 자를 심판하신다고 믿습니다(마 25:31-33). 그때는 예수 그리스도를 믿고 세상의 악함을 이긴 자들이 하나님의 나라를 상속 받고 하나님과 함께 살게 됩니다(계 21:7). 그러나 그때는 흉악한 자들과 살인자들과 음행하는 자들과 점술가들과 우상 숭배자들과 거짓말하는 모든 자들이

"둘째 사망"을 당하는 때입니다. "성경"에 의하면, 종말의 때는 우리가 이해할 수 있는 세상의 끝이 도래하는 때이며, 이전에 있던 처음 것들은 모두 없어지고 모든 것이 새로워지는 때입니다(계 21:1~3). 그때는 재림하신 예수 그리스도께서 그의 백성들과 함께 다스리시는 평화롭고 행복한 세상이 시작될 것입니다. 그리고 다시는 사망이 없고 애통하는 것이나 곡하는 것이나 아픈 것이 다시 있지 않을 것입니다(계 21:4). 그때는 예수 그리스도를 믿고 세상의 악함을 이기는 자들이 하나님의 나라를 상속 받고 하나님의 가족이 되어 함께 사는 때입니다(계 21:7). 그러나 하나님을 두려워하지 않는 자들과 그리스도를 믿지 아니하는 자들에게는 예비된 영벌의 영생이 시작되는 때입니다. 또한 흉악한 자들과 살인자들과 음행하는 자들과 점술가들과 우상 숭배자들과 거짓말하는 모든 자들은 불과 유황으로 타는 못에 던져지는 때입니다. 그곳은 '지옥'이며, 영원히 죽지 못하는 영벌의 영생 곧 "둘째 사망"이 이루어지게 됩니다(계 21:8).

3. 인간관이 다르다

1) 불교의 인간관

불교는 인간의 본성이 본래 선하지도 않고 악하지도 않아서, 만인을 지옥에 떨어지게 할 만큼 악하게 될 수도 있고, 천국에 보낼 만큼 선한 존재가 될 수도 있다고 가르칩니다.[64] 그리고 불교는 인간을 한없이 나약한 존재로 보지만 한편으로는 신보다도 더욱 위대한 존재로 봅니다. 그래서 인간은 고통과 죄를 만들어 내는 주체인 동시에 영생과 구원을 만들어 내는 주인이기도 하다고 말합니다.[65] 즉, 불교는 인간의 이성과 지혜가 능히 모든 악을 끊을 수 있으므로 계행(戒行)과 선정(禪定) 등의 수행을 통하여 스스로 열반을 성취할 수 있다고 가르칩니다.

2) 기독교의 인간관

하나님은 인간을 지으시되 자기 형상을 닮은 독특한 인격적 존재로 창조하셨으며, 남자와 여자를 창조하시어 창조세계의 만물을 다스리는 복을 주셨습니다(창 1:28). 하나님이 창조하신 사람은 매우 지혜롭고 지적인 존재였습니다. 최초의 사람 '아담'의 지적 능력은, 하나님께서 자신에게 이끌어 오신 모든 동물들의 이름을 지어 주었을 정도로 지적이었습니다(창 2:19). 그리고 인간은 본래 이성에 대한 사랑의 감정을 가진 정서적 존재였습니다. 아담의 인품이 매우 감성적이고 시적이었다는 것은. 그가 하와를 처음 대면했을 때, "이는 내 뼈 중의 뼈요 살 중의 살이라"(창 2:23)라고 고백했다는 사실에서 알 수 있습니다. 또한 인간은 양심을 가진 존재로서(창 3:8), 하나님을 두려워할 줄 알고(창 3:10), 부끄러움이 무엇인 줄 알며(창 2:25), 신체적으로도 남녀가 한 몸을 이루

---

64 이제열, 『불교 기독교를 논하다』, (서울: 모과나무 2017), 123.

65 이제열, 『불교 기독교를 논하다』, (서울: 모과나무 2017), 159.

고(창 2:24) 자식을 낳고 기르는 완전한 사람이었습니다(창 3:16; 4:1). 즉, 하나님은 인간을 하나님의 형상을 닮은 완전한 인간으로 창조하신 것입니다.

그러나 기독교는 인간의 본성이 악하다고 가르칩니다. 즉, 인간이 하나님의 말씀과 경고를 배반하는 죄를 짓고 타락하여 그 본성이 악(惡)하게 변해 버렸다고 가르칩니다.[66] "성경"에 근거할 때 본래의 인간은 하나님의 형상을 닮은 존재로 지어져서 창조주 하나님의 선(善)함을 사랑할 뿐, 죄악(罪惡)은 알지 못하는 존재였습니다. 그리고 "성경"은 인간의 타락한 본성에 다음과 같은 죄성이 담겨 있다는 것을 가르칩니다.

첫째, 본성이 타락한 인간은 하나님의 선함보다 마귀의 악함을 좋아합니다.

둘째, 본성이 타락한 인간의 모든 생각과 행위는 언제나 자신을 위하며 자기의 유익을 추구합니다.

셋째, 본성이 타락한 인간은 자신이 선악을 확실히 구별할 수 있고, 자신의 선악 간 판단은 모두 올바르며, 자신과 다른 생각은 옳지 않다고 생각합니다.

넷째, 본성이 타락한 인간은 하나님이 두려워서 하나님을 멀리하려 합니다.

다섯째, 본성이 타락한 인간은 하나님의 진리와 법도를 믿고 순종하기보다 미혹(迷惑)하는 점쟁이와 무당들의 말을 더욱 신뢰하며 그들의 방

---

66 Nancy R. Pearcey, 『완전한 진리』, 홍병룡 역(서울: 복 있는 사람, 2006), 92.

법과 술수를 따라갑니다.

여섯째, 본성이 타락한 인간은 자신이 하나님 앞에 죄인이라는 진리를 인정하지 않습니다.

일곱째, 본성이 타락한 인간은 예수 그리스도를 자신의 구원자로 영접하지 않으려고 합니다.

여덟째, 타락한 인간은 자신이 하나님이 창조하신 인간으로 생각하지 않고 원숭이와 같은 유인원에서 진화된 동물로 생각합니다.

그래서 기독교는 인간이란 하나님 앞에서 죄인이고, 반드시 예수 그리스도를 통하여 구원 되어야 할 존재라고 가르칩니다. 그리고 인간은 하나님의 섭리와 통치에 순종해야만 선한 본성이 회복되고 생명이 지속되는 존재라고 가르칩니다. 왜냐하면 하나님이 인간을 선한 일을 위해 지으셨기 때문입니다(엡 2:10). 이것이 "성경"이 가르치는 인간관입니다.

4. 가치관이 다르다

1) 불교의 가치관

불교는 모든 것은 인연(因緣)으로 끊임없이 변화하고 생멸하므로 절대 불변의 성질을 지닌 본체는 없다는 의미에서 제법무아(諸法無我)를 가르칩니다. 즉, '나'를 생각할 때 '나' 또는 '자아'라고 말할 만한 것이 없다고 가르칩니다. 그리고 불교는 우주 만물은 시시각각으로 변화하여 한 모양으로 머물러 있지 아니한다는 의미의 제행무상(諸行無常)을 가르칩니다. 즉, 현실세계의 모든 것은 끊임없이 변화하고 생멸(生滅)하며 시간적 지속성이 없으니 집착하거나 탐(貪)하지 말라는 것입니다. 그래서 불교는 인간의 영혼과 자아를 부정하며 세계를 실체가 없는 허상이라고 가르칩니다.

불교의 붓다는 인간이 문제로 삼는 자아와 세계에 대한 의문들을 스스로 판단할 수 없거나 판단할 필요가 없는 무기(無記)로 규정했습니다.[67] 무기(無記)라는 말의 의미는 인간이 문제로 삼는 인생, 자아, 세계 등에 관한 질문에는 가부(可否)를 답하지 않거나 대답할 필요가 없어 침묵한다는 것을 의미합니다. 그래서 불교는 '인생은 무엇인가'라는 질문에 '공(空)'이라고 대답합니다. 불교에서 공(空)이란 교리는 완전히 비어 있다는 것이 아니라, 자아(自我)라고 할 만한 인생의 실체는 없다는 것입니다. 즉, 인생이란 것이 무엇인가 채워져 있는 것 같지만 늘 변하는 것이기 때문에 비어 있는 것과 같다는 의미에서 공(空)이라고 하는 것입니다. 즉, 태어나는 데 이유가 없으니 태어난 이유를 알 수가 없다고 합니다. 그리고 산다는 것의 의미도 살아봐야 알 수 있는 것이니 살아 보기 전에는 모른다고 합니다. 즉, 인간의 영혼과 자아를 부정하고 세계를 실체가 없는 허상이라고 가르치는 불교는 삶의 이유는 찾아봐야 소용이 없다고 가르칩니다.

그렇지만 우리 사회에 인생의 목적은 무엇인가라는 질문을 던지고 대답을 들어보면 사람마다 다른 대답을 하고 있습니다. 초혼자와 무당들

---

67 중현, 『불교를 안다는 것 불교를 한다는 것』, (서울: 불광출판사, 2021), 020.

은 조상을 잘 모셔야 자손이 잘 살 수 있다고 말합니다. 그리고 무신론자와 무종교인들로부터는 일반적으로, 그것은 인간이 스스로 정하기 나름이라는 대답을 들을 것입니다. 즉 인생의 목적이란 각자가 선택하는 가치이고 그 의미는 선택한 목적을 성취하는 과정에 담길 것이라는 말을 듣게 될 것입니다. 특히 "신은 죽었다"고 말한 철학자 니체의 말을 좇아가면 "인간은 아무런 의미 없이 세상에 던져진 존재"가 되므로 인생은 목적이나 목표가 필요 없는 하찮은 존재가 됩니다. 이처럼 사람들이 말하는 가치는 절대적이지 않고 모두가 상대적입니다.

2) 기독교인의 가치관

그러나 기독교인들에게 인생의 목적은 무엇인가라는 질문을 던지면, 그 대답은 "우리는 여호와 하나님께서 창조하셨고, 예수 그리스도의 대속의 은혜를 입어 죄로부터 구원을 받은 사람들입니다. 그러므로 기독교인들은 하나님의 사랑과 예수 그리스도의 은혜에 감사하며 일평생 하나님의 영광을 드러내는 삶을 살아야 하는 사람들입니다."라는 대답을 듣게 될 것입니다. 물론 모든 그리스도인들의 대답이 동일할 수는 없겠지만, 창조-타락-구속의 틀에서 설명되기 마련인 그리스도인의 인생관은 거의 같을 것입니다. 왜냐하면 성경이 가르치는바 인간은 철학자 니체의 말처럼 '세상에 던져진 하찮은 존재'가 아니고 하나님의 선한 일을 하기 위해 창조된 고귀한 존재이기 때문입니다.

기독교인의 인생관은 누구보다 자아와 자의식이 뚜렷하고 인생의 목적과 목표가 명백한 사람들입니다. 그러므로 성경에 기초한 이런 인생관에 기초한 가치관은 자아발견과 성숙의 원천이 되며 인생에 영감과 활력을 부여하고 인생을 비할 데 없이 아름다운 하나님의 기업으로 변모시킵니다. 그래서 기독교인이 추구하는 가치관을 정리하면 다음과 같습니다.

첫째, 그리스도인들은 하나님의 백성으로 살아야 합니다. 인간이 하나님의 백성으로 산다는 것은 그리스도를 믿는 믿음 안에서 주어지는 하나님의 은총입니다. "영접하는 자 곧 그 이름을 믿는 자들에게는 하나님의 자녀가 되는 권세를 주셨으니 이는 혈통으로나 육정으로나 사람의 뜻으로 나지 아니하고 오직 하나님께로부터 난 자들이니라"(요 1:12) 그러므로 그리스도인은 그리스도께서 가르쳐 주신 그 모든 하나님의 진리를 삶으로 구현해야 합니다. 이를 위하여 예수 그리스도는 두 가지 계명으로 구성된 그리스도인의 강령을 가르쳐 주셨습니다. 첫째 계명은 마음을 다하고, 목숨을 다하며, 힘과 뜻을 다하여 하나님을 사랑하라는 것입니다(마 22:37~38). 그리고 둘째 계명은 이웃을 자신의 몸처럼 사랑해야 한다는 것입니다(마 22:39~40).

둘째, 기독교인들은 그리스도의 제자로 살아야 합니다. 그리스도의 제자로 산다는 것은 가정에서나 일터에서 예수 그리스도의 '지상명령'을 수행하는 삶을 의미합니다. '지상명령'이란, "그러므로 너희는 가서 모든 민족을 제자로 삼아 아버지와 아들과 성령의 이름으로 세례를 베풀고 내가 너희에게 분부한 모든 것을 가르쳐 지키게 하라 볼지어다 내가 세상 끝날까지 너희와 항상 함께 있으리라 하시니라"(마 28:19-20) 이 말씀에 순종하는 삶입니다. 그러나 사람의 말로는 순종하기에 부족합니다. 그리스도인은 복음을 들려줄 뿐만 아니라 그리스도의 복음을 삶으로 보여 주어야 합니다. 사도들은 이 말씀에 순종하여 온 세상에 복음을 전파하였고 순교함으로 죽었습니다. 그리고 사도들의 목숨을 바친 선교활동으로 오늘 우리도 하나님의 자녀가 되는 권세를 얻게 된 것입니다(요 1:12~13). 그리고 예수 그리스도와 당시의 기독교인들을 체포하고 구금하며 핍박하던 로마의 병사 바울이 변하여 그리스도의 사도가 된 바울은 '지상명령'을 수행해야 하는 이유를 다음과 같이 가르치고 있습니다.

> 우리가 그를 전파하여 각 사람을 권하고 모든 지혜로 각
> 사람을 가르침은 각 사람을 그리스도 안에서 완전한 자
> 로 세우려 함이니 이를 위하여 나도 내 속에서 능력으로
> 역사하시는 이의 역사를 따라 힘을 다하여 수고하노라
> (골로새서 1:28~29)

셋째, 그리스도인들은 "성령 하나님"의 동역자로 살아야 합니다. 성령은 그리스도께서 재림하실 때까지 우리의 생각과 행동을 인도하시되 "성경"에 기록된 진리와 교훈으로 인도하십니다. 따라서 기독교인들은 예수 그리스도의 가르침 '산상수훈'(마 5장~7장)과 그 외의 모든 교훈에 순종해야 합니다. 그리고 성령이 권하시는 '선한 열매'를 맺어야 하고 성령이 금지하시는 '육체의 일'을 멀리하는 삶을 살아야 합니다. '선한 열매'는 사랑과 희락과 화평과 오래 참음과 자비와 양선과 충성과 온유와 절제하는 삶을 말합니다(갈 5:22-23). 그리고 '육체의 일'은 음행과 더러운 것과 호색과 우상 숭배와 주술과 원수 맺는 것과 분쟁과 시기와 분냄과 당 짓는 것과 이단과 투기와 술 취함과 방탕함과 또 그와 유사한

행위들을 말합니다(갈 5:19-21).

　그래서 기독교는 인간을 고통으로부터 벗어나 평강을 누리는 길을 예수 그리스도를 믿는 믿음 안에서 성령이 인도하는 선한 길, '성령의 열매는 맺는 삶'으로 나아가는 것이라고 가르칩니다. 이러한 기독교인의 인생관은 세상의 다른 모든 종교가 가르치는 것과 전혀 다르고, 인간의 자아와 영혼의 존재를 부정하고 우리가 살고 있는 이 세계를 변한다고 해서 실체를 허상으로 규정하는 불교와는 정반대의 사고방식입니다.

　그래서 필자는 이 세상에 인간이 지향해야 할 진리와 가치를 일관되게 총체적으로 제시하는 종교는 기독교뿐이라고 생각합니다. 그리고 인간은 공동체적 존재이고 사회적인 동물이고 만물의 영장이기에 모두가 그에 걸맞은 인간답게 살아야 한다고 생각합니다. 불교의 가르침을 따라 내가 나의 자아를 버리고 해탈을 하고 열반을 하든, 과학적인 지식을 따라 자신을 동물에서 진화된 인간이라고 믿고 살든, '인간이 뭐 별거냐, 죽으면 그만이지'라고 생각하며 살든, 그도 아니면 자신을 하나님의 형상을 닮은 창조된 사람이라고 믿든 간에, 모든 인간은 인간답게 살아야 한다고 생각합니다. 왜냐하면 인간답게 사는 사람에게만 구원받을 기회가 주어지고, 그래야만 하나님이 주시는 죽음을 평안하게 맞이할 수 있다고 생각하기 때문입니다.

5. 고통에 대한 이해가 다르다

1) 고통에 대한 불교의 가르침

불교는 인생이 겪는 고통의 가장 근본적인 원인을 태생적으로 어리석고 미련하여 아는 것이 없는 무지(無知)와 무명(無明)의 연기(緣起)로 인하여 생겨나는 번뇌(煩惱)라고 말합니다. 즉, 불교는 인간의 일생이 괴로운 것은 갈애와 집착에 기인하는 번뇌들 때문이라고 가르치며, 번뇌로 인한 고난과 역경을 벗어나야만 하는 괴로움으로 가르칩니다. 불교가 고통의 원인으로 가르치는 번뇌는 탐욕(貪欲: 욕심)·진에(瞋恚: 성냄)·우치(愚癡: 어리석음)에서 비롯되는 삼독(三毒)을 말합니다. 그래서 불교는 인간이 고통의 문제를 해결하려면 무명을 멸각시키고 탐·진·치로 인한 번뇌를 없이하여 해탈과 열반을 성취해야 한다고 가르칩니다.[68] 그래서 수행자는 소리에 놀라지 않는 사자가 되어야 하고, 흙탕물에 물들지 않는 연꽃이 되어야 하며, 그물에 걸리지 않는 바람이 되어야 한다고 가르칩니다. 참으로 시구같이 멋들어진 말이지만 이처럼 마음을 다스려서 분별력을 없애야만 해탈과 열반을 성취할 수 있다고 하니 쥐새끼를 잡으려다 장독대를 깬다는 옛말이 있듯이, 인생이 마땅히 생각하고 해결하며 살아야 하는 온갖 근심 걱정을 아예 벗어나려고 자의식을 깨뜨려 버리라는 즉, 분별력을 없애라는 가르침이 참으로 기이하고

---

68   이중표 역해, 『정선 맛지마 니까야』, (서울: 불광출판사, 2020), 98.

놀라울 뿐입니다.

2) 고통에 대한 기독교의 가르침

기독교는 인생이 겪는 고통의 문제에 대하여 불교와는 전혀 다른 관점과 실제적인 해결책을 가르칩니다. 먼저 기독교는 인간이 일생에 겪게 되는 고난과 고통의 원인을 인간의 악한 마음이 짓는 죄가 원인이라고 가르칩니다. 즉, 죄로 인한 고통의 원인은 인간에게 있고, 고통의 해결책은 "성경"에 기록된 하나님의 말씀과 예수 그리스도의 교훈에 대한 믿음과 순종에 있습니다. 필자가 생각할 때, 인간이 고통의 문제를 해결하는 순서는 다음과 같습니다.

첫째, 먼저 고통의 원인이 자기의 악함에 있음을 직시하고 인정하며 그리스도 안에서 회개하고 하나님이 주시는 용서를 받아야 합니다. 만약 고통의 원인이 죄에 있지 않고 다른 데 있다면 먼저 자신을 들여다보고 성찰하는 일이 선행되어야 합니다. 죄의 문제를 안고 하나님의 주시는 평안을 구하는 일은 현명하지 못합니다.

둘째, 하나님의 법도와 예수 그리스도의 교훈에 대한 회심이 있어야 합니다. 그리고 나아가 성령이 금지하신 "육체의 일"과 권면하시는 "선한 열매를 맺는 일"에 진력해야 합니다. 이는 맑은 정신, 맑은 마음, 그리고 강인한 의지에 부어 주시는 하나님의 은혜입니다. 정의와 공의 그리고 정직함에 대한 회심은 나의 고통을 없애고 '하나님 사랑', '이웃 사랑'을 실천하는 데 늘 필요합니다.

셋째, 이타적인 마음으로 일을 해야 합니다. 동일한 수고와 땀을 흘려도 이타적인 마음으로 일하면 보람을 느끼고 행복하게 됩니다. 그러나 자기의 유익을 위해 수고하고 땀을 흘린다면 고진감래(苦盡甘來)의 결과는 얻을지언정 하나님이 주시는 평안은 얻을 수 없습니다. 해산의 고통이 아무리 극심해도 사랑하는 부부의 결실일 때는 보람과 행복과 사랑이 넘쳐나지만, 그렇지 않은 경우에는 고통의 극심함은 물론 그 후의 시간도 행복할 수가 없습니다. 그러므로 사람은 이타적인 일, 이타적인 사랑을 해야 고통으로부터 벗어날 수 있고 이타적인 마음으로 살아야 일상이 행복하게 되는 것입니다. 이 비밀이 하나님이 인간에게 내리신 '노동과 수고의 벌'에 감추어진 영원한 지혜인 것입니다.

> 또 여자에게 이르시되 내가 네게 임신하는 고통을 크게 더하리니 네가 수고하고 자식을 낳을 것이며 너는 남편을 원하고 남편은 너를 다스릴 것이니라 하시고 아담에게 이르시되 네가 네 아내의 말을 듣고 내가 네게 먹지 말라 한 나무의 열매를 먹었은즉 땅은 너로 말미암아 저주를 받고 너는 네 평생에 수고하여야 그 소산을 먹으리라 땅이 네게 가시덤불과 엉겅퀴를 낼 것이라 네가 먹을 것은 밭의 채소인즉 네가 흙으로 돌아갈 때까지 얼굴에 땀을 흘려야 먹을 것을 먹으리니 네가 그것에서 취함을 입었음이라 너는 흙이니 흙으로 돌아갈 것이니라 하시니라(창세기 3:16-19)

즉, 하나님이 인간에게 주신 '수고'와 '노동', 그리고 '해산의 고통'에 담긴 의미는, 자신을 배반한 인간에 대한 '징벌'입니다. 그러나 기독교인을 포함한 인간 모두는 이 말씀에 담긴 하나님의 인간을 향한 사랑과 긍휼을 깨달아야 합니다. 왜냐하면 인간의 '수고'와 '노동'이 여호와 하나님의 선하신 일을 위해 겪는 것이면, 그 고난을 겪는 동안 그들의 마음은 '기쁨'과 '보람'을 느끼게 됩니다. 그러나 하나님을 두려워하지 않고 타인의 유익보다 자기의 유익을 구하는 사람은 일평생 땀을 흘리며 수고하는 고통 속에서 살아야 합니다. 즉, 인간이 겪는 갖가지 고난들이 자기의 욕심을 채우기 위한 것일 때는, 그 모든 수고와 노동의 과정들이 '슬픔'이 되고 '파멸'의 원인이 됩니다. 그러나 인간의 모든 수고와 노동의 과정들과 목적이 하나님을 사랑하고 이웃을 사랑하는 데 있다면 그 고통은 변하여 기쁨과 보람이 됩니다. 그리고 그처럼 타락한 본성이 선하게 회복되는 사람은 이 세상에서 하나님의 거룩하심에 참예하는 사람이 된다는 것입니다.

고통의 문제에 대한 논의를 매듭짓자면, "성경"은 인생에 대하여, 태양 아래에서 수고하는 모든 수고가 사람에게 무엇이 유익한가, 물으며 인생의 허무함을 가르칩니다(전 1:2-3). 그러나 이 가르침의 끝에서 지혜자는 "일의 결국을 다 들었으니 하나님을 경외하고 그 명령을 지킬찌어다 이것이 사람의 본분이니라"라고 말씀하십니다. 또한 지혜자는 "너의 행사를 여호와께 맡기라 그리하면 네가 경영하는 것이 이루어지리라"(잠 16:3)라고 말씀하십니다. 그리고 "아무것도 염려하지 말고 다만 모든 일에 기도와 간구로, 너희 구할 것을 감사함으로 하나님께 아뢰라 그리하면 모든 지각에 뛰어난 하나님의 평강이 그리스도 예수 안에서 너희 마음과 생각을 지키시리라"(빌 4:6-7)라고 가르칩니다. 즉, 회개하고 회심하며 자신의 고통을 하나님께 아뢰며 그분께 모든 문제를 맡기면, 자신이 겪고 있는 문제는 그리스도 안에서 해결되고 고통의 문제는 근본적으로 해결된다는 것이 기독교의 가르침입니다.

6. 자유에 대한 관점이 다르다

1) 불교의 자유

불교가 말하는 자유는 그 무엇에도 제한을 받지 않고 어떤 한계를 두거나 조건을 두지 않는 무한한 자유를 말합니다. 불교는 자기의 마음을 속박하는 어떠한 집착이나 대상을 물리치고 대(大)자유의 경지를 이룩하라고 합니다. 불교가 말하는 대자유는 그 마음에 무명과 갈애와 집착으로 인한 속박이 없는 상태를 의미합니다. 이러한 대(大)자유를 성취하기 위해서 불교는 "부처를 만나면 부처를 죽이고 조사를 만나면 조사를 죽이며 부모를 만나면 부모를 죽여라."라는 임제선사의 가르침을 소개합니다. 즉, 자기의 마음을 속박하는 어떠한 집착이나 대상도 물리치고 대자유의 경지를 이룩하라는 것입니다.[69]

그래서 필자는 불교의 대(大)자유가 열반의 상태를 의미하는 것으로 이해하지만, 자유에 대한 불교의 가르침들은 석가모니의 윤리도덕에 대

---

69 이제열, 『불교 기독교를 논하다』, (서울: 모과나무 2017), 196-197.

98 　연꽃과 포도의
　　오해와 진실

한 가르침과 완전히 상반된다고 생각합니다. 왜냐하면 석가모니는 사성제와 팔정도를 토대로 십선업(十善業)과 십악업(十惡業)의 가르침으로 인간이 누릴 수 있는 자유를 윤리도덕적인 측면에서 제한했기 때문입니다.[70]

2) 기독교의 자유

하나님이 인간의 내면에 심어 놓으신 자유의지는 인간이 자기 결정력을 가진 인격적 존재임을 드러내 줍니다. 자유의지란 인간이 동물과 구별되는 특징으로서 형이상학적 사고 능력을 지니고 있는 합리적인 이성을 의미합니다. 즉, 자유의지란 인간이 스스로 행동의 방향과 구조를 결정하는 능력을 의미하고, 형이상학적 사고능력이란 현실적 제약을 뛰어넘는 즉, 시공간(視空間)을 초월한 사고능력을 말합니다. 그리고 합리적이고 이성적인 존재란 인간이 선·악을 구별하고 사고와 행동의 완급을 조절하는 능력 즉, 자유의지를 가지고 있는 존재를 의미합니다.

따라서 하나님의 백성인 그리스도인들에게 허락된 자유는 탐욕의 멍에를 짊어지지 않을 자기부인의 자유입니다. 그리고 마음으로부터 하나님의 법에 순종하려는 경건과 자기절제의 자유이고, 그리스도의 사랑 안에서 다른 이들을 섬길 수 있는 자기희생의 자유인 것입니다. 한마디로 내 인생은 나의 것이 아니라 하나님의 것이며, 그것은 하나님이 부모

70　이중표 역해, 『정선 맛지마 니까야』, (서울: 불광출판사, 2020), 325-330.

를 통하여 나에게 주신 것입니다. 그러므로 내 인생에 주어진 모든 능력
과 시간은 하나님의 말씀과 뜻에 맞게 사용되어야 합니다.

그리고 기독교는 자유에 대한 그리스도인의 책임을 강조합니다. 왜냐
하면 하나님은 인간을 책임적인 존재로 지으셨기 때문입니다. "성경"에
서 발견할 수 있는 인간에 관한 가장 중요한 주제 중 하나는 하나님께서
우리를 책임 있는 존재로 여기신다는 것입니다. 인간이 하나님에 대해
의무를 지니며 책임을 가진다는 사실은 인간과 다른 피조물을 확실하게
구별시키는 것입니다. 하나님이 인간에게 물을 책임은, 인간은 물리적
인 세계에서 땅에 충만해야 한다는 것입니다. 그리고 땅위의 생명체들
을 다스리라는 여호와 하나님의 창조명령(creation mandate)을 수행해
야 합니다. 창조명령을 수행하는 데는 인간과 동물에게 주어진 생명의
가치와 존엄성을 지켜 주는 수고를 해야 합니다. 또한 인간은 하나님께
서 주신 이 세계의 자연자원과 환경이 인간의 삶을 위해 개발되고 보존
되도록 지속 가능한 노력을 기울여야 합니다. 즉 자신을 포함하는 인간
과 자연자원을 남용하지 않고, 선한 목적을 위해 사용하며, 그 모든 것
들을 감사함으로 관리해야 한다는 말입니다. 인간의 모든 활동 즉, 예술
활동, 학문의 진작, 그리고 기술개발에는 인간의 책임이 따릅니다. 즉,
인간은 살아 있는 동안 하나님께서 부여하신 자유의지를 가지고 언제나
하나님과의 관계 안에서 선하게 살아야 옳은 것입니다.

또한 하나님은 인간을 공동체적 존재로 지으셨으며, 그 인격은 관계
성에 기초를 두고 있고, 그 관계성은 인간과 인간, 인간과 자연, 인간과
하나님의 관계를 의미합니다. 따라서 개인으로서 인간의 존재성은 오직
관계성 속에서만 발견되고 의미를 가지게 됩니다. 즉, '성경 안'에서 인

간은 자율적이고 독립적인 존재가 아니라 공동체적인 책임으로 제약된 존재입니다.

따라서 기독교가 가르치는 자유 즉, 그리스도인들이 향유할 수 있는 자유는 그 모든 관계성을 해치지 않고 공동체의 유익을 위한 자유여야 합니다. 즉, 불교가 말하는 무제한적이고 완전한 자유는 성경적 관점에서 성립될 수 없습니다. 즉, '성경 밖'에서 형성되는 자유의식과 '성경 안'에서 형성되는 자유의식은 다르게 나타납니다. 왜냐하면 '성경 밖'에서 형성되는 자유의식은 '자율성'으로 나타나고, '성경 안'에서 형성되는 자유의식은 그리스도 안에서 선한 목적을 위해 '제한된 자유'를 의미하기 때문입니다. 사실 인간의 '자율성'은 자신을 '죄'에 묶어 버릴 가능성이 농후하고, "성경"의 진리와 하나님의 법도 안에서의 '제한되는 자유'는 그 사람을 '죄'로부터 자유롭게 할 것입니다. 그러므로 인간이 진정한 자유를 성취하려면 '하나님의 진리 안에서 살아야 하고, 그리스도의 강령에 순종하는 삶을 살아야 합니다. 왜냐하면 예수 그리스도께서 말씀하시기를, 진리가 너희를 자유롭게 할 것이라고 가르치셨기 때문입니다 (요 8;32).

그래서 필자는 욕망을 절제하지 못하는 삶은 행복할 수가 없고 금지를 위반하며 추구하는 욕망의 성취는 인생을 파멸시킨다고 생각합니다. 그러므로 불교인들은 십선업(十善業)을 지으며 살아야 하고 그리스도인은 '십계명(十誡命)'에 순종하며 살아야 합니다.

7. 구원의 길이 다르다

불교가 가르치는 구원의 길과 기독교가 가르치는 구원의 길은 다릅니다. '산의 정상에 오르는 길'이란 표현이 '구원의 길'을 의미한다면 불교의 길은 땅에서 찾아야 하고, 기독교의 길은 하늘에서 찾아야 합니다. 그리고 불교가 가르치는 땅의 길은 계행과 선정 등 수행을 통하여 인간이 스스로 찾아야 하고, 기독교가 가르치는 하늘의 길은 "성경"에 기록된 하나님의 말씀과 법도를 따라 예수 그리스도를 믿음으로 찾을 수 있습니다. 그래서 불교는 수행을 통하여 해탈과 열반을 성취하는 자력구원(自力救援)을 가르치고, 기독교는 예수 그리스도를 믿고 영접함으로써 아바 아버지로부터 구원의 은총을 받는 '대속적 구원'을 가르칩니다. 즉, 불교의 구원은 인간이 자신을 구원하기 위해 일평생 수행과 선정 등의 공덕을 쌓아야 하지만, 기독교의 구원은 어떤 공덕을 쌓음으로 얻을 수 있는 것이 아니고 아무 공로 없이 오직 예수 그리스도를 믿음으로만 하나님이 주시는 구원의 선물을 받게 됩니다.

왜 기독교는 구원을 '하나님의 선물'이라고 말하는가? 그 이유는 죄로 말미암아 죽을 수밖에 없는 인간을 하나님께서 아무런 값없이 구원해 주시기 때문입니다. 즉, 하나님은 인간을 죄로부터 구원하시려고 자신의 유일한 아들 독생자 예수 그리스도의 생명을 인간의 죗값을 치르는 대속(代贖)의 제물로 십자가에서 죽게 하시고, 이를 믿는 사람들을 하나님이 구원하시기 때문입니다. 사실 기독교가 가르치는 구원의 길은 수행이나, 공덕을 원하지 않고 오직 예수 그리스도에 대한 믿음만을 필요로 합니다. 하나님은 예수 그리스도를 진리와 생명의 근원으로 삼으시고 그를 믿고 영접하는 자를 구원하십니다. 인간이 자기를 구원하기 위해 수행을 하거나 공덕을 쌓은 일이 없고 다만 예수 그리스도를 믿기만 했는데, 하나님께서 구원해 주시니 기독교는 '구원은 하나님의 선물'이라고 표현하는 것입니다. 이제 불교의 인간에 의한 인간을 위한 '자력구원'과 기독교의 '대속적 구원'이 어떻게 다른지 좀 더 자세히 살펴보겠습니다.

1) 불교의 자력구원

불교는 인간의 이성과 능력을 믿는 종교이기에 인간만이 인간을 고통으로부터 건져낼 수 있고 자신만이 자신의 업보를 씻어 낼 수 있다고 가르칩니다. 즉, 불교는 인간의 지혜는 능히 모든 악을 끊고 죄를 소멸할 수 있으므로, 거룩한 계행(戒行)과 선정(禪定) 등 특별한 수행을 통하여 스스로 열반을 성취할 수 있다고 가르칩니다. 그래서 불교는 다음과 같은 수행법을 가르칩니다.

불교의 수행은 '나'로부터 '내'가 떨어지는 공부, 즉 자아(自我)를 버리고 무아(無我)의 경지에 올라 해탈하려는 노력에서 시작됩니다. 내가 나를 버려야 하는 공부 즉, 자아를 버려야 하는 이유는, '내'가 있어서 망상이 붙고 탈이 붙고 병이 붙으며, 모든 악한 것들이 만들어지기 때문입니다. 그러므로 불교의 수행은 어려운 용어(用語)와 법문(法文)을 익히는 일에서 시작하고, '나'를 떼어 버리는 공부를 평소에 부지런히 계속해서, '나'라는 생각이 나에게서 떨어지는 때까지 노력해야 하는 것입니다.[71] 이

---

71 우룡, 『불교의 수행법과 나의 체험』, (서울: 효림출판사, 2016), 139.

를 위해서 수행자는 먼저 불교의 진리인 사성제(四聖諦)를 깨달아야 합니다.

가) 사성제(四聖諦)[72]

사성제(四聖諦)는 석가모니가 가르친 영원히 변하지 않는 네 가지 신성한 진리를 의미합니다. 즉, 사성제는 고제(苦諦), 집제(集諦), 멸제(滅諦), 도제(道諦)를 말하며 그 내용과 의미는 대략 다음과 같습니다.

첫 번째 진리, 고제(苦諦)는 고성제(苦聖諦)의 준말로 인생은 괴롭다는 것입니다. 즉, 세상은 무상하고(제행무상: 諸行無常) 인생은 괴롭다(一切皆苦)는 가르침입니다.

두 번째 진리, 집제(集諦)는 고집성제(苦集聖諦)의 준말로 세상의 것에 대한 탐욕(貪欲)과 갈애(渴愛)가 고통의 원인이라는 가르침입니다. 즉, 불교는 인간이 겪는 고통의 원인은 탐욕(貪欲: 욕심)과 진에(瞋恚: 노여움)와 우치(愚癡: 어리석음)이며 그중에서 가장 큰 문제는 자기의 욕심(慾心)이라고 합니다. 즉, 이 세상에는 나라고 할 것이 없는데(제법무아: 諸法無我) '내가 존재하려는 욕구', '나를 주장하려는 욕구', '내 것을 가지려는 욕구', 그리고 '자아'를 인식하려는 집착이 고통의 가장 큰 원인이라고 가르칩니다.

세 번째 진리, 멸제(滅諦)는 고멸성제(苦滅聖諦)의 준말이며 인간의 내면에 잠재된 욕망·갈망·집착·애증 등을 완전히 절멸시킨 상태를 말

72　이중표 역해, 『정선 디가 니까야: 대념처경』, (서울: 불광출판사, 2019), 374-407.

합니다. 그러므로 멸제(滅諦)는 해탈(解脫)의 의미를 함축하고 있습니다.

네 번째 진리 도제(道諦)는 고멸도성제(苦滅道聖諦)의 준말로 괴로움을 소멸시키고 대자유에 이르는 길에 대한 가르침입니다. 불교에서 말하는 '대(大)자유'는 모든 욕망과 집착으로 인한 윤회의 굴레를 벗어나 자기의 생멸(生滅)을 스스로 선택할 수 있는 자유를 말합니다. 불교는 이런 대(大)자유가 '나'를 버림으로써 모든 번뇌를 벗어나 열반(니르바나)을 성취함으로써 이루어진다고 합니다. 붓다는 도제(道諦) 즉, 대자유로 나아가는 길을 중도(中道)와 사념처(四念處), 그리고 팔정도(八正道)로 지시했습니다. 중도(中道)는 생각이든 행동이든 양극단 즉, 어느 한쪽에 지나치게 치우치지 않아야 한다는 의미와 모순 대립하는 두 주장은 모두 허망한 생각에서 비롯된 사견(邪見)이므로 버려야 한다는 뜻이 있습니다.

나) 사념처(四念處)

붓다는 중생이 근심과 슬픔을 극복하고, 괴로움과 불만을 소멸하는 방법으로 '네 가지 주의집중(四念處)'을 가르쳤다고 합니다.[73] 붓다가 가르친 사념처(四念處)란 몸, 느낌, 마음, 법을 말하는 데, 몸과 그 대상인 느낌, 마음과 그 대상인 법(想行: 생각과 행위)에 대한 '주의집중(satipaṭṭhāna)'을 말합니다. 붓다는 사념처(四念處) 수행법이 중생이 열반을 자증(自證)할 수 있는 유일하고 청정한 길이라고 가르쳤다고 합니

---

73 이중표, 『정선 디가 니까야』, (서울: 불광출판사, 2019), 378.

다.[74] 그리고 붓다가 가르친 사념처 수행을 모두 성취한 비구는 '지금 깨달음을 얻은 자'를 뜻하는 아라한(阿羅漢)이 되거나, 불환과(不還果)의 지위에 오르게 되어 윤회의 굴레를 벗어나게 된다고 합니다.

다) 팔정도(八正道)[75]

붓다는 사념처와 함께 팔정도를 수행을 완성하는 과정으로 가르쳤습니다. 팔정도(八正道)는 말 그대로 여덟 가지 바른길을 의미합니다. 이중표가 정리한 팔정도를 참조하면, 그것은 정견(正見: 바른 이해), 정사유(正思惟: 바른 생각), 정어(正語: 바른 말), 정업(正業: 바른 행동), 정명(正命: 바른 직업), 정정진(正精進: 바른 노력), 정념(正念: 바른 주의), 정정(正定: 바른 집중)을 말합니다. 정견(正見)이란 괴로움에 대하여 알고, 괴로움의 집(古集)에 대하여 알고, 괴로움의 소멸(苦滅)에 대하여 알고, 괴로움을 소멸하는 길(苦滅道)에 대하여 아는 것을 말합니다. 즉, 영원히 변하지 않는 진리인 사성제(四聖諦)인 고제(苦諦)·집제(集諦)·멸제(滅諦)·도제(道諦)의 이치(理致)를 알고 제법(諸法)의 진상(眞相)을 바르게 판단(判斷)하는 지혜(智慧·知慧)를 말합니다. 정사(正思)는 욕망에서 벗어나려는 생각, 화내지 않으려는 생각, 해치지 않으려는 생각을 말합니다. 정어(正語)는 거짓말 안 하기, 이간질 안 하기, 욕설 안 하기, 쓸데없는 잡담 안 하기를 실천하는 것입니다. 정업(正業)이란 생명을 죽이지 않기, 주지 않는 것을 훔치지 않기, 삿된 음행하지 않기를 말합니다.

74　이중표 역해, 『정선 디가 니까야』, (서울: 불광출판사, 2019), 408.

75　이중표 역해, 『정선 디가 니까야: 대념처경』, (서울: 불광출판사, 2019), 374-407.

정명(定命)은 삿된 생업(生業)을 버리고 바른 생업으로 살아가는 것을 말합니다. 정정진(正精進)이란 발생하지 않은 사악하고 옳지 못한 법들은 생기지 않도록 노력하고, 발생한 사악하고 옳지 못한 법들은 버리도록 노력하는 것을 말합니다. 또 발생하지 않은 옳은 법들은 생기도록 노력하고, 발생한 옳은 법들은 머물고, 망실되지 않고, 증가하고, 충만해지고, 수습하고, 성취하도록 마음을 다잡고 노력합니다. 이것을 정정진이라고 합니다. 정념(正念)이란, 몸(身)을 관찰하며 몸에 머물고, 감정(受)을 관찰하며 감정에 머물며, 열심히 주의집중을 하고 알아차려 세간에서 탐욕과 불만을 제거하는 것입니다. 또 마음(心)을 관찰하며 마음에 머물고, 법(法)을 관찰하며 법에 머물면서, 열심히 주의집중을 하고 알아차려 세간에서 탐욕과 불만을 제거하는 것입니다. 즉, 몸과 감정, 마음, 그리고 생각과 행위로부터 탐욕과 불만을 제거하는 것이 정념(正念)이라는 것입니다. 정정(正定)이란 욕망을 멀리하고 불선법(不善法)을 멀리하며, 사유가 있고, 숙고가 있는, 멀리함에서 생긴 즐거움과 행복이 있는 초선(初禪)을 성취하여 삽니다. 사유와 숙고를 억제하여, 내적으로 조용해진, 마음이 집중된, 사유와 숙고가 없는, 삼매에서 생긴 즐거움과 행복이 있는 제2선(第二禪)을 사는 것입니다. 즐거움과 이욕(離慾)으로부터 초연하여 평정한 마음으로 주의집중과 알아차림을 하며 지내는 가운데 몸으로 행복을 느끼면서, 제3선(第三禪)을 취하여 사는 것입니다. 마지막으로 행복감을 포기하고, 괴로움을 버림으로써, 이전의 만족과 불만이 소멸하여 괴롭지도 않고 행복하지도 않은, 평정한 주의집중이 청정한 제4선(第四禪)을 성취하여 사는 것입니다. 즉, 정정(正定)은 고멸도성제(苦滅道聖諦)를 성취하려는 수행의 마지막 과정입니다.

2) 기독교의 구원관

가) 구원이란 무엇인가?

기독교는 인간이 구원받는 길은 오직 예수 그리스도를 믿는 믿음뿐이라고 가르칩니다. "성경"에 기록된 다음의 말씀은 예수 그리스도를 믿어야만 멸망하지 않고 영생을 얻게 된다고 가르칩니다.

> 하나님이 세상을 이처럼 사랑하사 독생자를 주셨으니 이는 그를 믿는 자마다 멸망하지 않고 영생을 얻게 하려 하심이라 하나님이 그 아들을 세상에 보내신 것은 세상을 심판하려 하심이 아니요 그로 말미암아 세상이 구원을 받게 하려 하심이라 그를 믿는 자는 심판을 받지 아니하는 것이요 믿지 아니하는 자는 하나님의 독생자의 이름을 믿지 아니하므로 벌써 심판을 받은 것이니라(요한복음 3:16~18)

그리고 예수 그리스도께서도 "내가 곧 길이요 진리요 생명이니 나로 말미암지 않고는 아버지께로 올 자가 없느니라"(요 14:6)라고 말씀하셨습니다. 또 사도들도 "다른 이로써는 구원을 받을 수 없나니 천하사람 중에 구원을 받을 만한 다른 이름을 우리에게 주신 일이 없다"고 증언합니다(행 4:12). 그래서 기독교인들은 인간이 죄로부터 구원받을 수 있는 길은 오직 예수 그리스도를 믿고 하나님이 주시는 구원의 은총을 받는 길뿐이라고 믿고 전합니다.

그렇다면 기독교가 가르치는 구원은 무엇으로부터의 구원인가? 그것은 '죄로부터의 구원'을 의미합니다. "성경"은 이 세상에 죄가 없는 의인은 하나도 없다고 가르칩니다(롬 3:10). 그리고 "죄의 삯은 사망이요 하나님의 은사는 그리스도 예수 우리 주 안에 있는 영생"이라고 가르칩니다(롬 6:23). 그리고 기독교는 인간의 죄 문제는 스스로 해결할 수 없고 오직 예수 그리스도를 믿는 '믿음' 안에서 하나님이 주시는 구원의 은혜를 선물로 받아야 한다고 가르칩니다.

그러면 죄란 무엇인가? 기독교가 가르치는 '죄'는 두 가지입니다. 하나는 인류의 조상 아담과 하와가 하나님의 말씀과 경고를 무시하고 사탄 마귀의 유혹을 좇아 하나님을 배반한 죄입니다. 기독교는 아담과 하와가 하나님을 배반한 죄를 신학적인 의미로 '원죄'(原罪)라고 부릅니다. 그리고 원죄의 본질은 아담과 하와의 죄가 하나님이 선하게 창조하신 인간의 본성을 타락시켰다는 것입니다. 즉, 아담과 하와의 원죄로 인하여 타락한 인간의 본성은 사탄 마귀가 원하는 악한 생각들로 이 가득하게 되었습니다.

첫째, 인간의 심성을 교만하게 만들고 자신의 생각과 판단을 옳다고 여기며 하나님 없이도 살 수 있다고 생각하게 만들었습니다.

둘째, 여호와 하나님이 천지만물을 창조하셨음을 의심합니다. 즉, 과학적인 지식을 배우면서 여호와 하나님이 자기에게 생명을 주셨고 모든 생명체가 하나님의 피조물이라는 진리를 의심하고 부정합니다.

셋째, 자신이 죄인이라는 진리를 인정하지 않으며, 예수 그리스도를 통한 구원의 은총을 거부합니다. 그리고 자기를 선하게 살도록 인도하시는 성령 하나님의 섭리를 거부하며, 결국 하나님을 대적하는 성향과 행동을 보입니다.

이것이 원죄로 인하여 인간이 짓게 되는 '죄'입니다. 그리고 다른 하나의 죄는 '자범죄(自犯罪)'입니다. 자범죄(自犯罪)란 인간의 욕망과 욕심으로부터 발생되는 불의한 생각과 행동으로 저지르는 모든 악한 짓들을 말합니다. 왜냐하면 기독교는 행위를 하지 않았음에도 불구하고 마음에 악함과 불의를 담은 적이 있으면 그것도 회개해야 할 죄라고 가르칩니다. 그래서 자범죄는 기본적으로 하나님이 정해 주신 십계명을 위반하는 악행들을 의미합니다. 즉, 하나님에 대하여 인간이 지켜야 할 도덕률과 자신과 이웃을 향해 지켜야 할 윤리적 규범을 바르게 지키지 않는 것이 죄입니다.

나) 기독교인의 믿음은 무엇을 의미하는가?

예수 그리스도를 믿는다는 것은 예수 그리스도를 영접하여 그분을 주인으로 모시고 산다는 것입니다(계 3:20). 그리고 예수 그리스도를 믿는다는 것은 나에게 하나님의 자녀가 되는 권세가 주어졌다는 사실을 믿는 것이며, 나는 혈통으로나 육정으로나 사람의 뜻으로 나지 아니하고 오직 하나님께로부터 난 자라는 것을 믿는 것입니다(요 1:12-13). 그러므로 사람이 예수 그리스도를 믿는다는 것은 기본적으로 "성경"에 기록된 하나님의 말씀과 법도를 진리로 믿는 것이며 그리스도의 말씀과 교훈에 순종하며 살겠다는 신념을 의미합니다. 예수 그리스도의 명령과 가르침을 순종한다는 것은 그리스도께서 '지키라' 명하신 '사랑의 계명'과 '강령'에 순종하는 것이며, '내가 너희에게 분부한 모든 것을 가르쳐 지키게 하라' 하신 지상명령(마 28:19-20)을 청종하는 것입니다.

다) 구원의 확신은 무엇인가

기독교인으로서 구원을 받았다는 확신은 신앙고백과 회개로 생성되고 거룩한 삶으로 확인됩니다. 즉, 하나님의 구원의 은혜를 입고 중생한 사람들은 그리스도의 명령과 가르침을 청종하며 하나님을 즐거워하고 감사하는 거룩한 삶을 살려고 노력합니다. 즉, 자신이 구원받았음을 확신하는 사람은 술 취함을 비롯한 방탕한 육체의 일들(갈 5:19-21)은 멀리하고, 성령의 인도하심을 좇아 거룩하고 경건한 삶을 통하여 선한 열매들을 맺으려고 노력을 경주합니다(갈 5:22-23). 즉, 구원의 은총을 입은 사람이 삼위일체 하나님을 자기 인생의 주(主)로 모시고, 성령의 인도하시는 은혜로 영생복락이 약속된 성화의 길을 걸을 때 그의 구원은 타인에 의해 확신되는 것입니다. 즉, 자기가 받은 구원의 확신은 다른 사람의 눈에 비치는 그의 경건하고 거룩한 삶으로 확인이 되는 것입니다. 또한 그의 내면에서 풍기기 시작하는 "그리스도의 향기"가 교회와 이웃의 눈에 보이기 시작할 때, 그의 구원에 대한 확신은 '지속적인 회심'으로 성화되는 것입니다.

그리고 "성경"은 하나님의 구원의 은총을 받을 수 없는 사람들에 대해서도 분명하게 알려 주고 있습니다. 구원을 받지 못하는 사람은 예수 그리스도를 부인하고 믿지 않는 사람들입니다. 예수 그리스도를 믿지 않는 사람이 자기 이름으로 구제를 실천하는 것은 자기의 영광을 위한 것이므로 그의 선행은 하나님과 상관이 없습니다. 그러므로 "내가 곧 길이요 진리요 생명이니 나로 말미암지 않고는 아버지께로 올 자가 없느니라"(요 14:6)라고 말씀하신 예수 그리스도 외에는 구원의 길이 없는 것입니다. 즉, 그리스도에 대한 믿음이 없는 사람은 하나님이 주시는 구원의 선물을 받지 못합니다. 그렇지만 여호와 하나님의 긍휼하심은 구원을 받지 못한 사람들이 회개하고 하나님께로 돌아와서 구원을 받을 수 있도록 그 사람이 죽는 순간까지 기다리십니다. 그리고 자신이 받은 구원을 지키지 못한 사람에 대해서도 하나님은 그가 회개하고 돌아오기를 고대하십니다. 왜냐하면 하나님은 한 번 구원하신 인간의 손을 결코 놓으시지 않고 결코 포기하지 않으시기 때문입니다. 그러나 끝내 하나님께로 돌아오지 않는 사람의 영혼은 밝고 빛나는 하나님의 나라와 상관이 없는 어두운 곳에서 심판의 부활에 임할 때까지 그대로 버려지게 되는 것입니다.

그러므로 예수 그리스도를 믿어야 기독교적인 "선행"이 가능하고, 그리스도의 사랑 안에서 하나님의 영광을 드러내는 이타적인 선행을 추구한 사람에게만 하나님의 "구원"이 보장되어 있는 것입니다. 그래서 예수 그리스도는 "나더러 주여 주여 하는 자마다 다 천국에 들어갈 것이 아니요 다만 하늘에 계신 내 아버지의 뜻대로 행하는 자라야 들어가리라"(마 7:21)라고 말씀하셨습니다. 즉, 예수 그리스도를 믿는다고 말하면서 하나님의 뜻에 순종하지 않는 사람은 "영생"을 보장받을 수 없다는 것입니다. 그렇지만 인간이 어떻게 하나님의 뜻을 알고 하나님의 뜻대로 살겠습니까? 그래서 구원은 예수 그리스도를 믿어야 하고 그분의 은혜를 입어야만 하는 것입니다.

8. 윤리도덕적 가르침이 다르다

1) 불교의 가르침

불교는 사람이 죽은 후에 행복한 천상 세계에 태어나는 것은 윤리적으로 바른 행위(正行)로 살았기 때문이라고 가르칩니다. 그리고 사람이 죽은 후에 험난하고 고통스러운 지옥과 같은 악취(惡趣)에 태어나는 것도 윤리(法)적으로 바르지 못한 행위(不正行)가 원인이라고 가르칩니다.[76] 그래서 불교는 승리하는 일생을 위한 윤리적 규범과 장려할 열 가지 선행과 금지할 열 가지 악행을 가르칩니다.

가) 승리하는 인생의 윤리적 규범

'불경'『디가 니까야』의 '씽갈라를 가르치신 경'에는 승리하는 일생을 위한 여섯 가지 가르침이 있습니다.[77]

첫째, 술을 절제해야 합니다. 곡주나 과주를 마시고 방일에 전념하면 재난이 닥칩니다. 바로 그 자리에서 재산의 손실이 있고, 싸움이 잦아지고, 병의 근원이 되고, 악명을 얻게 되고, 치부를 드러내게 되고, 지혜가 없어지며, 재산을 탕진하는 파멸이 시작됩니다. 가진 것 없는 자가 갈증에 물 마시듯 술을 마시면 물속에 빠지듯이 빚에 빠지고, 자신의 가문은 순식간에 몰락합니다.

---

76 이중표 역해, 『정선 맛지마 니까야』, (서울: 불광출판사, 2020), 325.

77 이중표, 『디가 니까야: 씽갈라를 가르치신 경』, (서울: 불광출판사, 2019), 510-522.

둘째, 밤길을 배회하면 재난이 닥칩니다. 밤길을 배회하는 사람은 자기 자신을 지키고 보호할 수 없으며, 자녀와 아내를 지키고 보호할 수 없으며, 자기 재산을 지키고 보호할 수 없습니다. 밤길을 배회하는 사람은 범죄의 혐의를 받기 쉬우며, 그에게 헛소문이 퍼지며, 많은 괴로운 일들이 따릅니다. 즉, 밤길을 배회하는 버릇이 생기면 이러한 여섯 가지 재난이 생기고 인생을 파멸시킬 위험이 높아집니다.

셋째, 놀기를 좋아하면 재난이 닥칩니다. 못된 동료 못된 친구들과 어울려 돌아다니기를 좋아하면 이 세상과 저세상 두 세상에서 파멸합니다. 흥미로운 일과 구경거리를 찾아다니면 재난이 닥칩니다. 즉, 노래판은 어디에서 벌어지나, 악단의 연주는 어디에서 하나, 만담(개그)은 어디에서 하나, 자바라(啫哱囉)는 어디에서 치나, 북은 어디에서 치나 하며 찾아다니면 재난이 닥칩니다.

넷째, 도박에 빠지면 재난이 닥칩니다. 승자는 원한을 낳고 패자는 잃은 재물을 한탄합니다. 바로 그 자리에서 재산의 손실이 있고, 동료와 친구들이 경멸하고, 노름꾼은 여자를 부양하지 못한다고 하여 청혼하지 않는다. 특히 도박에 빠지고 술에 빠지고 타인의 여인을 넘보면 이지러지는 달처럼 파멸하게 됩니다.

다섯째, 나쁜 친구를 멀리하고 좋은 친구를 가까이 두어야 합니다. 말만 번지르르한 사람은 친구처럼 보이는 적입니다. 그는 과거의 일로 공치사하고, 빈말로 환심을 사고, 해야 할 일을 당해서는 난색을 보입니다. 듣기 좋은 말만 하는 사람은 친구처럼 보이는 적입니다. 그는 못된 일을 하는 데 동조합니다. 좋은 일을 하는 데 동조하지 않습니다. 면전에서는 칭찬하고 돌아서서는 비난합니다. 방탕한 친구는 친구처럼 보이는 적입니다. 그는 술에 빠져 있을 때 함께 어울립니다. 밤길을 배회할 때 함께 어울립니다. 구경거리를 찾아다닐 때 함께 어울립니다. 도박에 빠져 있을 때 함께 어울립니다. 이런 친구는 멀리해야 합니다.

여섯째, 재산을 바르게 관리해야 합니다. 벌이 꿀을 모으듯이 재산을 모으면 개미탑이 쌓이듯이 재산은 계속해서 모입니다. 이와 같이 재산을 모으게 되면 그 재산을 네 부분으로 나누고 한 부분으로는 가족의 생계를 위해 사용하고 한 부분은 친구들을 결속시키는 일에 사용하며, 다른 한 부분은 사업하는 데 쓰고, 나머지 한 부분은 미래를 위해 저축을 해야 합니다.

나) 십선업과 십악업을 구별하며 살아야 한다

불교는 윤리적 행위에 대하여 열 가지 선행과 악행을 가르치고 있습니다. 즉, 몸이 짓는 윤리적 행위로서 살생, 도둑질, 삿된 음행, 말(언어)로 짓는 윤리적 행위로서 거짓말, 이간하는 말, 쓸데없는 말, 추악한 말이 있습니다. 이처럼 몸과 입이 이러한 행위를 하지 않으면 선행(善行)이고, 저지르면 악행(惡行)이라고 합니다. 그리고 열 가지 선행과 악행 중에는 몸과 언어 외에 마음으로 짓는 세 가지 윤리적 행위가 있습니다. 그것은 탐욕을 부리지 않고, 증오심을 갖지 않으며, 정견(正見)을 갖추는 것입니다. 정견을 갖춘다는 것은 보시(布施)의 과보(果報)도 있고, 공양(供養)의 과보도 있고, 헌공(獻供)의 과보도 있고, 선악업(善惡業)의 과보도 있다고 생각하는 것입니다.[78] 또한 이 세상도 있고, 저세상도 있으며, 부모도 있고, 중생의 화생(化生)[79]도 있다고 생각하는 것입니다. 이와 같이 십선업을 성취하는 중생은 죽은 후에 행복한 천상(天上) 세계에 태어난다고 합니다.[80] 그리고 십악업(十惡業)을 위반하는 사람은 죽은 후에 험난하고 고통스러운 지옥과 같은 악취(惡趣)에 태어난다고 가르칩니다.[81]

이처럼 불교의 윤리적 규범은 절대적인 도덕률에 기초하여 정립된 것이 아니라 인간이 짓는 업(業) 즉, 선행과 악행을 기준으로 판단합니다.

---

78 업: 몸·입·뜻으로 짓는 말과 동작과 생각, 그리고 그 인과를 의미하는 불교교리이며, 업이란 '짓는다'는 뜻이다. 업이란 선악이고, 그 결과가 과보이다. 과보: 전생에 지은 선악에 따라 현재의 행과 불행이 있고, 현세에서의 선악의 결과에 따라 내세에서 행과 불행이 있음을 말한다. 보시: 베풀어 주는 일을 말하며, 중생의 구제를 그 목표로 하고 있는 이타정신(利他精神)의 극치라고 한다. 공양: 불(佛), 법(法), 승(僧)의 삼보(三寶)나 죽은 이의 영혼에게 음식, 꽃 따위를 바치는 일. 또는 그 음식을 말한다. 헌공: 부처에 대한 보은의 도리로써 금전이나 물품을 바치는 것을 의미한다. 선악업: 선악업의 잠재여력은 욕망과 우치(愚癡)와 진에(瞋恚)에 의하여 생긴다.

79 화생: 극락왕생의 두 가지 모습 중 하나이다. 그것은 극락왕생의 모습은 두 가지, 태생과 화생이다. 태생은 태에 의지하여 태어나는 것을 말한다. 이 사람들은 부처님의 가르침을 믿지 않지만 죄와 복에 대한 인간의 도리는 믿고 스스로 선을 닦아서 극락세계에 태어나고자 원을 세우는 이들의 모습이다. 화생(化生)이란 태에 의탁하지 않고 홀연히 태어나는 것을 말한다. 이들은 부처님의 지혜와 공덕이 헤아릴 수 없음을 믿고 가지가지 공덕을 쌓아서 의심 없는 신심으로 극락세계에 태어나고자 서원을 세우는 이들의 모습이다. 이들은 바로 극락세계의 칠보 연꽃 위에 자연히 화생하여 가부좌를 하고 앉게 된다. 그리고 순간 사이에 몸의 상호와 광명과 지혜 공덕이 극락세계의 여러 보살들과 똑같이 원만하게 갖춰지게 된다고 한다. [주 주모니: (무량수경) 극락왕생, 태생(胎生)과 화생(化生)의 구별, 참조].

80 이중표 역해, 『정선 맛지마 니까야』, (서울: 불광출판사, 2020), 328-330.

81 이중표 역해, 『정선 맛지마 니까야』, (서울: 불광출판사, 2020), 325-327.

그래서 모든 것을 연기생멸론(緣起生滅論)의 관점에서 보는 불교가 무엇을 근거로 행위의 선함과 악함을 판단하는지, 또 누가 판단하는지 무엇으로 판단하는지 알 수가 없습니다. 그래서 불교의 윤리는 상대적이라고 판단되고 '내로남불'이라는 논리가 가능하다는 생각을 해 봅니다.

2) 기독교의 가르침

기독교가 가르치는 윤리도덕의 절대적 기준은 예수 그리스도께서 명하신 하나님을 사랑하고 이웃을 사랑하라는 "강령"입니다(마 22:37-40). 그리스도께서는 "네 마음을 다하고 목숨을 다하고 뜻을 다하여 주 너의 하나님을 사랑하라"는 첫째 계명과, "네 이웃을 네 자신 같이 사랑하라" 하신 둘째 계명을 주시고, 이 두 계명이 온 율법과 선지자의 강령이라고 가르치셨습니다.

그리스도인이 이러한 예수 그리스도의 강령을 청종하려면 하나님의 도덕법 십계명에 순종해야 합니다. 하나님께서 도덕법 십계명(十誡命)을 자기 백성에게 제정해 주신 이유와 목적은 그들의 삶에 절대적인 '도덕률'이 있어 공동체에 질서가 유지되고 하나님 앞에서 죄에 빠지지 않도록 보호하기 위함입니다. 그리고 십계명은 하나님께서 세상을 통치하실 때 베푸시는 축복과 심판의 조건이 됩니다. 또한 도덕법 십계명의 모든 명령은 하나님이 행하시는 "심판"의 기준이고, 그리스도께서 행하실 "마지막 심판"에서 적용될 판결기준이 됩니다. 그러므로 하나님 앞에서 "그리스도의 향기"가 되려는 그리스도인들은 "십계명"을 "절대적인 도덕법칙"으로 준수하며 인생을 경영해야 합니다.

그리고 기독교가 가르치는 선악의 기준은 기본적으로 이타적인 행위를 선행이라 말하고 이기적인 행위를 악행이라고 가르칩니다. 그러나 모든 이타적인 행위가 선행이 아니고 오직 하나님의 말씀과 예수 그리스도의 가르침에 순종하는 행위가 선행이며, 악행이란 그 반대가 되는 생각과 행동을 말합니다. 즉, '네 마음을 다하고 힘을 다하고 목숨을 다하여 네 하나님을 사랑하라'는 그리스도의 말씀에 순종하는 것이 선(善)입니다. 또한 '네 이웃을 네 자신과 같이 사랑하라' 하신 말씀에 순종하여 이웃을 배려하고 보살펴 주는 것이 선(善)입니다. 그러나 이러한 그리스도의 가르침에 순종하지 않는 생각과 행위가 악(惡)입니다. 그러므로 "성경"이 가르치는 선행이란, 하나님이 제정해 주신 도덕법 십계명에 순종하는 것이며, 순종하지 않는 것은 악행입니다. 그러면 하나님이 제정해 주신 도덕법 십계명에 대해서 자세히 말씀드리겠습니다.

가) 도덕법 십계명

"성경"은 십계명이 하나님에 의하여 제정되고 돌판에 쓰여져서 모세를 통하여 자기 백성에게 전해졌다는 사실을 다음과 같이 증거하고 있습니다.

> 여호와께서 모세에게 이르시되 너는 산에 올라 내게로 와서 거기 있으라 네가 그들을 가르치도록 내가 율법과 계명을 친히 기록한 돌판을 네게 주리라(출애굽기 24:12) … 여호와께서 시내 산 위에서 모세에게 이르시기를 마치신 때에 증거판 둘을 모세에게 주시니 이는 돌판

이요 하나님이 친히 쓰신 것이더라(출애굽기 31:18) 모세
가 여호와와 함께 사십 일 사십 야를 거기 있으면서 떡도
먹지 아니하였고 물도 마시지 아니하였으며 여호와께서
는 언약의 말씀 곧 십계명을 그 판들에 기록하셨더라(출
애굽기 34:28)

그러므로 하나님의 도덕법 십계명은 인간이 변개할 수 없는 절대적인
도덕률이고 윤리규범의 근거가 되는 절대적인 도덕법칙인 것입니다. 다
시 말해서 인간은 하나님의 도덕법을 믿지 않고 순종하지 않을 수는 있
어도 하나님이 제정하신 이 도덕법을 바꿀 수는 없습니다. 즉 하나님의
도덕법 십계명은 인간이 옳고 그름을 논의할 수 있는 상대적인 규범들이
아니라 오직 순종해야 하는 절대적인 규범이라는 말입니다. 그래서 십
계명은 절대불변의 도덕률이고 도덕법칙이라고 말하는 것입니다. 필자
는 하나님의 도덕법 십계명을 그리스도의 가르침을 따라 두 가지 차원으
로 구별하여 청종하고 있습니다.

첫째, 하나님을 사랑하라는 강령에 순종하기 위해서는 제1, 2, 3, 4계
명에 순종하려고 노력합니다. 가장 먼저 제1계명에 순종하여 오직 하나
님만을 사랑하고 섬겨야 합니다. 그리고 제2계명을 좇아 영적 간음의 죄
를 범하지 않아야 하고, 제3계명을 좇아 하나님의 거룩한 본성의 영광을
가리지 않아야 합니다. 또한 제4계명을 지킴으로써 하나님께 찬양과 예
배를 드리고 하나님의 영광을 드높이는 과정을 통하여 쉼을 얻어야 합니
다. 이 네 가지 계명은 인간으로 하여금 하나님과 화목하게 만들고 타락
한 본성에 숨어 있는 죄악의 유혹을 막아주고, 생명의 지속을 위한 휴식

을 가지게 만듭니다.

둘째, 이웃을 사랑하라는 강령에 순종하기 위해 제5, 6, 7, 8, 9, 10계명을 순종하려고 노력합니다. 우리는 하나님이 창조하신 인간으로써 또 그리스도의 강령(綱領)을 받은 사람들로써, 가장 먼저 생각하고 사랑해야 할 "이웃"은 부모이고 아내와 남편 그리고 자녀입니다. 그리고 그 사랑은 동심원(同心圓)을 이루며 나와 이웃하여 살고 있는 약한 자, 병든 자, 궁핍한 사람들에게로 퍼져나가야 합니다. 그러면 각 계명을 통하여 우리가 깨달아야 할 하나님의 뜻과 법도가 무엇인지 알아봅니다.

(가) 제1계명

제1계명은 "너는 나 외에 다른 신들을 네게 있게 하지 말라"입니다. 제1계명은 인간을 위한 절대적인 도덕률입니다. 이 계명에서 하나님이 요구하시는 것은, 유일하게 참되신 하나님을 올바르게 알고 믿으며 자기를 신뢰하라는 것입니다. 그리고 모든 겸손과 인내 가운데서 하나님을 사랑하고 존경하며 경배하라는 것입니다. 즉, 하나님은 성도의 찬양과 경배를 통하여 올리는 영광과 존귀를 다른 무엇과도 나누시지 않고, 방해받지 않으시며, 오직 홀로 받으시기를 기뻐하신다는 뜻입니다.

그래서 제1계명은 다른 모든 계명의 기초가 되며, 인간이 하나님에 대하여 준행해야 하는 본질적이며 근원적이고 궁극적인 의무가 됩니다.[82]

82　J. G. 보스&G. I. 윌리암슨, 『웨스트민스터 대요리문답강해』, 359.

제1계명에 순종하는 그리스도인으로써 하나님께 드릴 영광은 하나님에 대한 (1) 앙모(仰慕: adoration), (2) 신뢰(信賴: confidence), (3) 기원(祈願: prayer) 그리고 (4) 감사(感謝: thanks)입니다. 따라서 인간의 마음 가장 은밀한 곳까지 꿰뚫어 보시는 여호와 하나님에 대한 가식(假飾)과 허례허식(虛禮虛飾)은 죄를 짓는 행위입니다. 그래서 "성경"은, 하나님은 영이시니 예배하는 자가 영과 진리로 예배해야 한다고 가르칩니다(요 4:24). 또한 "믿음이 없이는 하나님을 기쁘시게 하지 못하나니 하나님께 나아가는 자는 반드시 그가 계신 것과 또한 그가 자기를 찾는 자들에게 상 주시는 이심을 믿어야 한다"(히 11:6)고 가르치고 있습니다. 그러므로 여호와 하나님을 신령과 진정으로 경배하고 찬양하며 그분을 사랑하는 일이 하나님을 기뻐하는 인간이 취할 가장 중요한 의무인 것입니다.

(나) 제2계명

제2계명은 "우상(idol)을 만들지 말고, 또 그것들을 섬기지 말라"(출 20:4-5)는 하나님의 명령입니다. 우상이란 인간이 참되신 하나님 대신에 무엇인가 다른 것을 섬기거나, 하나님보다 더 소중히 여기며 좋아하는 것들입니다(엡 2:12; 5:5; 빌 3:19; 갈 4:8; 요일 2:23; 요 5:23). 이를테면 형상화된 다른 종교의 실재를 향하여 섬기고 경외하는 마음으로 절을 하는 것은 우상을 숭배하는 행위입니다. 즉, 하나님 이외에 다른 무엇에게 경외하고 신뢰하며 사랑하는 마음으로 절한다면 그것은 우상을 숭배하는 것입니다. 또한 어떤 사상이나 학설 또는 이데올로기를 신뢰하여 그러한 지식들을 토대로 신념체계를 세우면 그것은 우상을 만들고 섬기는 행위가 됩니다. 가까운 예로서 공부, 일, 취미생활과 여가활동들을 하나님보다 더 좋고 소중하게 생각한다면, 그것들은 모두 스스로가 만들어 내는 우상들이 됩니다. 즉 인생의 목표가 물질적인 부요함과 출세에 얽매이고 그 마음이 명예나 권력의 획득에 집착하게 되면, 그 모든 것은 우상이 됩니다. 그래서 마틴 루터는 "너희의 마음을 어디에 두고 있는가, 그것이 너희의 신이다. 그리고 그 마음이 하나님께 향하지 않았다면 그것이 우상이다."라고 말했습니다.[83]

제2계명이 인간에게 요구하는 것은, 자연과 자연에 존재하는 그 어떤 것에도 신성(神性)을 부여하고 섬기지 말라는 것입니다. 또한 하나님의 진리 대신에 무엇인가 다른 사상을 믿거나 신뢰하지 말라는 것이며, 삶 속에서 하나님보다 더 좋아할 그 무엇을 만들지 말라는 것입니다. 그리고 하나님을 사랑하고 그의 말씀을 신뢰하고, 길흉을 말하는 점쟁이나 무당을 용납하지 말고, 그들의 술수와 방법을 신뢰하지 말라는 것입니다. "성경"은 이 모든 것들과 가까이 하는 행동은 하나님이 가증하게 생각하시는 것들이며(신 18:10-14), 우상을 숭배하는 자에게는 하나님이 질투하시고 보복하십니다(출 20:5-6). 사실, 인간의 삶에 우상이 생겨나면 그 사람의 일생은 하나님으로부터 멀어지게 되고 결국 그 인생은 마귀에 의하여 지배되고 파괴됩니다. 왜냐하면 하나님은 죄와 함께하시지 않는 분이므로, 우상이 자리 잡은 우리의 육신과 마음에는 성령의 인도와 보호가 있을 수 없기 때문입니다. 더구나 우상을 가진 우리의 인격

---

83   정일웅, 『하이델베르그 요리문답서 해설』, 158.

은 하나님을 전적으로 신뢰하지 못하게 되고, 두려워하지도 않게 되며, 전심으로 사랑하지도 않게 됩니다. 이처럼 우리가 우상에 사로잡히면 그것은 인생을 파멸시키는 길이며 영생의 길이 아닌 영벌의 길을 가는 것과 같습니다. 그래서 개혁자 칼빈은 우상이 나타나는 순간, 참된 신앙은 부패하여 타락하고 마는 것이라고 경고했습니다.[84]

그러나 "마귀가 우는 사자 같이 두루 다니며 삼킬 자를 찾는(벧전 5:8)" 대한민국에서 그리스도인들이 제2계명을 준행하려면 엄청난 "영적전쟁"을 치러야 합니다. 왜냐하면 우상과의 전쟁은 곧 사회의 통념과 싸우는 일이고, 자신의 욕망을 통제하는 일이며, 자신의 악한 본성을 거룩하게 변형시키는 일이기 때문입니다. 즉, 우상을 만들지 않기 위해 진리를 주장해야 하고, 자신의 욕망을 통제해야 하며, 하나님의 전신갑주를 입기 위한 영적인 노력이 수반되어야 하기 때문입니다. 따라서 제2계명의 준행을 위한 영적전쟁에서 승리하기 위해서는 자신의 일생에 대하여 "성경"에 기초한 "철학적 사유"가 필요합니다. 왜냐하면 그것이 공동체의 관습을 거스르는 일일 수 있고, 자기를 부인하고 자신을 희생하는 일일 수 있으며, 그 선택이 거룩한 성화를 위한 고난의 길일 수도 있기 때문입니다. 즉 인간의 삶은 문화적으로 전통과 풍습을 형성하지만 그것이 하나님의 법도를 위반해서는 안 됩니다. 그리고 인간은 학문을 탐구하며 이론과 지식을 축적시키지만 그것들을 계시된 하나님의 진리보다 더 신뢰해서도 안 됩니다. 또한 사회생활을 통하여 성취하려는 물

---

84 존 칼빈, 『기독교 강요』, 제2권 8장 17, 471.

질과 권력과 명예가 우리 주 하나님을 사랑하는 일보다 더 소중히 여겨지는 경우에는 결코 "영적전쟁"에서 승리할 수가 없는 것입니다. 따라서 인간의 가치관은 하나님의 뜻과 법도 안에서 형성되어야 하고, 인간의 지식은 계시된 하나님의 진리에 복속되어야 하며, 인생의 목적은 자기보다 하나님을 사랑하는 것이어야 하는 것입니다.

그러므로 우리가 "우상숭배의 금지"라는 제2계명의 영적전쟁에서 승리하고 예수 그리스도 앞에 자신을 바로 세우려면, 세상에서 얻고자 하는 모든 욕망을 통제해야 합니다. 그리고 우리의 악한 본성이 제기하는 하나님의 진리에 대한 모든 의심을 그리스도에 대한 믿음으로 제거시켜야 합니다. 그래서 우리는 제2계명을 "도덕률"로 삼고 우리의 일생이 마귀의 계교와 우상들의 유혹으로부터 자유로워지도록 그리스도의 마음을 가져야 하는 것입니다.

(다) 제3계명

제3계명은 "하나님 여호와의 이름을 망령되이 일컫지 말라"입니다 (출 20:7). 하나님께서 이 계명을 통하여 우리에게 요구하는 것은 "여호와"(Yahweh/Jehovah)라는 하나님의 거룩한 이름(성호)을 함부로 사용하지 말라는 것입니다. 이 명령은 하나님의 성호를 오직 하나님을 경외하는 마음으로 그분을 향해 바르게 고백하고, 그분을 찬미할 때만 사용하라는 것입니다(사 45:3; 마 10:32; 롬 2:24; 골 3:16-17; 딤전 2:8; 6:1; 렘 24:11-16; 19:12; 마 5:37; 약 5:12).

그래서 『완전한 복음』의 저자 챈들러는, 하나님의 이름을 망령되게 일컫는 사람은 인간과 하나님의 임재하심 사이에 있는 건널 수없는 구렁텅이에 빠지게 된다고 했습니다. 그가 말하는 "구렁텅이"는 하나님의 임재를 볼 수없는 곳이며, 불꽃 가운데서 괴로워하는 삶이 있는 곳이고, 한 번 들어가면 나올 수없는 영원한 곳, 지옥을 의미합니다(눅 16:19-26).[85]

그리고 하나님의 성호를 망령되이 일컫는다는 말은, 성호를 무분별하게 남용한다는 의미를 포함하여, 하나님의 이름으로 잘못된 맹세를 하거나 다른 사람을 저주하는 것을 말합니다. 즉 하나님의 영광을 드러내기 위함이 아닌 자신의 목적을 위한 맹세를 하나님의 이름으로 하지 말라는 것이며, 하나님의 이름을 빙자(憑藉)하며 다른 사람을 저주하지 말라는 것입니다. 하나님께서는 이처럼 자신의 이름 여호와를 함부로 무분별하게 망령되이 일컫는 사람에게는 죄를 묻겠다고 하셨습니다(출 20:7).

하지만, 사람이 재판정의 증인으로써 선서하거나, 공직에 임하는 자로써 또는 군인으로써 맡은바 임무에 충실하겠다고 맹세하는 경우에는 이 계명에 저촉되지 않습니다. 왜냐하면 그러한 맹세와 서약은 하나님께서 권위와 권세를 부여한 국가의 명령에 순종하는 일이기 때문입니다. 또한 나라의 상징인 국기를 향해 경례를 하거나 국가의 의례에서 묵념을 하며 굳게 다짐을 하는 행위도 이 계명에 저촉되지 않습니다. 왜냐하면 그러한 모든 행위와 시스템은 하나님께서 국가에 부여한 통치권한에 속

---

85   Matt Chandler, 『완전한 복음』, 장혜영 역(서울: 새물결플러스, 2013), 69.

하는 것이며, "성경"은 그러한 공권력에 복종해야 한다고 가르치고 있기 때문입니다.

사실 하나님의 존재를 부정하며 자신을 "진화된 인간"이라고 생각하는 사람들의 심리는 제3계명의 위반을 큰 죄로 여기지 않으며, 두려워하지도 않습니다.[86] 그러나 그리스도인들과 자신을 "창조된 인간"이라고 생각하는 사람들은 제3계명을 인간이 취해야 할 가장 기본적인 "도덕률"로 인식해야 합니다. 즉 그리스도인은 어떤 도덕적 규범보다 하나님의 성호를 소중하게 여겨야 합니다. 즉, 하나님을 의지하여 간구할 때는 그 성호를 신뢰해야 하며, 하나님의 영광을 드러낼 때는 그 성호를 높이 찬양해야 하는 것입니다. 따라서 제3계명은 마음과 목숨을 다하고 힘과 뜻을 다하여 주 하나님을 사랑하라는 명령에 수반되는 여러 가지 규범들의 기초가 되는 "도덕률"로 준행되어야 하는 것입니다.

(라) 제4계명

제4계명은 "안식일을 기억하여 거룩하게 지키라"는 명령입니다. 안식일은 여호와께서 엿새 동안 하늘과 땅과 바다와 그 가운데 모든 것을 만들고 "쉼"을 취하신 일곱째 날을 말하며, 여호와께서 그날을 복되게 하여 거룩하게 하셨습니다. 그리고 하나님께서 명령하시기를 "너는 엿새 동안에 네 일을 하고 일곱째 날에는 쉬라 네 소와 나귀가 쉴 것이며 네

---

86 J. G. 보스&G. I. 윌리암슨, 『웨스트민스터 대요리문답강해』, 428.

여종의 자식과 나그네가 숨을 돌리리라"(출 23:12)라고 하셨습니다.

그러나 그리스도인들에게 "안식일"이란 일곱째 날의 마지막 날이 아니라 일곱 날이 시작되는 첫째 날입니다. 즉, 창조의 기원으로부터 안식일의 때를 말하자면, 하나님이 정하신 일곱째 날의 마지막 날이며, 이 날은 유대교의 안식일로 성수되고 있습니다. 그러나 예수 그리스도의 구원의 은혜를 입고 하나님의 백성인 된 우리들이 성수하는 안식일은 그리스도께서 부활하신 "안식 후 첫날"이며, 이 날은 일곱 날이 시작되는 첫날입니다. 그래서 유대교의 안식일은 하나님의 창조의 은혜와 구원의 은혜(출애굽 사건)를 감사하며 거룩하게 쉼을 가지는 일곱째 날의 마지막 날입니다. 그러나 그리스도인들의 "안식일"은 엿새 동안의 일과 노동을 시작하기 전에 먼저 하나님이 주신 구원의 은총과 새 생명을 주신 그리스도께 감사하는 날이며, 예배를 통하여 새 힘을 얻는 날입니다. 그러므로 우리가 온전하게 제4계명을 준행하려면 하나님의 명령을 따라 "안식일"을 거룩하게 지내야 합니다. 즉 유대교인들이 금요일부터 안식일을 준비하고 토요일에 해가 질 때 마치듯이, 그리스도인들은 토요일부터 주일(主日)을 준비하고 일요일 해질 때 마쳐야 합니다. 따라서 제4계명에 대하여 그리스도인들이 취해야 할 태도는 토요일 오후부터 예배와 안식을 준비하고 주일에는 반드시 예배를 드리고 그리스도 안에서 "쉼"을 취해야 합니다.

그러나 아기의 탄생을 돕거나 생명을 지키는 일 등은 적절한 때를 놓치지 말고 성실하게 지속되어야 합니다. 왜냐하면 창조의 지속과 보존에 필요한 일은 안식일의 주인이신 그리스도께서도 계속하신 복된 일이기 때문입니다. 그리고 그리스도인이 취하는 주일의 안식에는 자신은 물론이고 모든 식솔이 초대되어야 하며, 사업주인 경우에는 종사원 또는 고용인들 모두에게 안식을 제공해야 합니다. 즉, 자신은 예배를 들이며 쉼을 취하는 동안 자신의 식솔이나 고용인들이 노동을 하고 쉼을 얻지 못하게 해서는 제4계명을 준수하는 것이라고 말할 수 없습니다.

그러므로 "네 하나님을 사랑하라"는 그리스도의 강령(눅 10:27; 막 12:30, 31; 마 22:37, 39)을 준행하며 순종하기 위해서는 십계명의 제1, 2, 3, 4 계명을 청종해야 합니다.

(마) 제5계명

제5계명은 "네 부모를 공경하라"입니다. 그리고 하나님께서는 제5계명에 순종하는 자에게는 복을 약속하셨고, 불순종하는 자에게는 엄벌을 약속하셨습니다. 즉, 너희가 부모를 공경하라는 이 계명에 순종하면, "너의 하나님 나 여호와가 네게 준 땅에서 네 생명이 길리라"(출 20:12)라는 복(福)을 약속하셨습니다. 그러나 "네 부모를 공경하라"는 명령에 순종하지 않으며, 자기 아버지나 어머니를 치는 자(출 21:15), 부모를 저주하는 자(출 21:17, 레 20:9; 잠 20:20), 그리고 부모에게 불순종하고 반역하는 자들은 죽이라고 명령하셨습니다(신 21:18-21). 고대의 족장시대가 아닌 현대의 민주주의 사회에서 이러한 "율법"을 문자 그대로 준행할 수는 없는 일입니다. 그러나 제5계명은 그만큼 엄격하게 자녀 된 자들에게 부모의 지시에 복종하고, 훈계에 순종하며, 부모의 사랑에 감사하며 공경하라는 것입니다.

따라서 "부모를 공경하라"는 제5계명의 준행은 세 가지 측면에서 이해하고 순종해야 합니다.

첫째, "부모를 공경하라"는 제5계명은 자녀의 위치에 있는 사람들에게 부모의 말씀과 지시와 명령에 복종하고 그들을 공경할 것을 명령합니다. 그 이유는 모든 생명체가 생존하는 법을 어미로부터 전수를 받듯이 인간의 자녀들도 부모의 사랑과 헌신적인 도움을 받으며 성장하기 때문입니다. 즉, 한 가정에 태어난 자녀들은 모두 성장해서 하나님의 창조를 지속되게 해야 한다는 생명의 목적을 지니고 있기 때문에 부모에 의하여 양육되어야 하는 것입니다. 실제로 자녀들은 아무것도 할 수 없는 젖먹이 아기였을 때부터 모든 것을 할 수 있게 되는 성년이 될 때까지, 부모의 훈육과 헌신적인 사랑을 받으며 양육됩니다. 그리고 자녀들이 성장하여 성년이 되면 부모를 떠나 반려자를 만나며 또 다른 하나님의 기업(가정)을 구축하여 하나님의 창조가 지속되게 해야 합니다. 하나님께서는 창조 세계의 지속적인 발전을 위하여 자기의 기업인 가정(家庭)의 보존과 자녀양육의 책임을 부모 된 부부들에게 맡기셨습니다. 그러므로 자녀들은 성장하는 동안 부모의 훈계와 명령에 복종해야 하며, 성년이 된 후에는 자신에게 베풀어 준 부모의 헌신과 사랑에 감사하며 그들을 존중하고 공경해야 옳은 것입니다. 그리고 자신도 부모가 되어 부모에게서 받은 사랑은 자식들에게 베풀며 양육해야 하는 것입니다. 그러므로 "부모를 공경하라"라는 제5계명은 "창조된 인간"들의 인간됨을 위한 모든 규범의 으뜸으로써 효도(孝道)를 강조하는 "도덕률"이 되는 것입니다.

둘째, "부모를 공경하라"는 제5계명이 자녀를 둔 부모 즉, 부부(夫婦)에게 명령하는 것은, 위로는 서로의 부모를 공경하고 아래로는 자기의 자녀들을 양육하며, 화목한 가정을 이루라는 것입니다. 부모를 공경하는 부부의 마음과 태도에는, 부모를 향한 경의, 복종, 감사의 세 가지 요소가 함께 있어, 마치 그들이 그리스도 안에서 하나님을 사랑하는 것과 같아야 합니다. 그리고 자녀들을 향한 부부의 마음도 하나님의 형상을 닮은 인간으로써의 인격적인 존중을 담고 있어야 합니다. 부부는 자녀들을 장차 하나님의 기업(가정)을 이루도록 양육할 책임을 맡은 자들입니다. 따라서 부부는 자녀들에게 올바른 신앙을 가르치고, 정직하고 성실하게 살도록 윤리와 도덕을 가르치며, 옳고 그름을 분별하는 지혜와 판단력을 가르쳐야 합니다. 그러나 부모들이 자녀들을 양육할 때는 자신의 인생경험보다는 "성경"의 말씀을 토대로 훈육해야 합니다. 왜냐하면 부모의 인생경험에 기초한 훈육은 자녀들에 의해 거부되고 비판을 받을 수 있고, 때로는 자녀들로 하여금 분을 내거나 노하게 만들 수 있기 때문입니다.

셋째, "부모를 공경하라"는 제5계명의 적용 범위는 자신의 부모뿐만 아니라 이웃과 그들의 자녀들, 그리고 스승과 국가의 지도자들도 공경하라는 뜻을 함축하고 있습니다. 왜냐하면 하나님께서 창조세계의 지속 가능한 발전의 책임을 "어른들"과 그들의 지도자들에게 맡기셨고, 그 목적을 성취시키는 "위계질서"가 존재하기를 원하시기 때문입니다. 즉 창조세계가 보존되고 발전하며 어린 아이가 원숙한 성년으로 성장하는 데는 부모들과 이웃 어른들을 비롯한 사회지도자들의 헌신과 국가의 돌봄이 지속적으로 필요하기 때문입니다. 그래서 "부모를 공경하라"는 제5계명의 외연은 자기를 둘러싼 연장자들을 존중하고 가르치는 자들을 존경하고 지도자들을 공경하는 데까지 확장되는 것입니다. 모든 부모들과 어른들이 지니고 있는 인생의 목적은 자신의 행복과 자녀의 행복이며, 국가의 평화와 안녕이라고 말할 수 있습니다. 다만 현실적으로 볼 때, 그러한 인생의 목적을 성취하는 방법과 개념에 차이가 있을 뿐, 자손들에게 좋은 세상을 물려주고 싶다는 염원에서는 모두의 생각이 같다고 봅니다. 그러므로 사회의 구성원으로써 인간은 "부모를 공경하라"는 제5계명으로부터 발현되는 "위계질서"를 존중해야 합니다. 칼뱅은 이것을 인간의 "정당한 굴복"이라고 표현했으며 하나님이 그것을 원하신다고 했습니다.[87] 그러나 "성경"이 가르치는 인간의 "정당한 굴복"은 '성경 밖'의 문화적 세계관에서 공자가 말하는 장유유서(長幼有序)와 같은 가부장적 위계질서와 같지 않습니다. 즉, "성경적 기독교 세계관"이 이해하는 칼뱅의 "정당한 굴복"이란 서로를 아끼고 존중하며 사랑하는 가운데 형성되는 위계질서를 의미합니다. 그러므로 "정당한 굴복"의 관계성은 서로를 존중하고 공경하는 태도가 있을 뿐, 서로를 무시하거나 비하시키며 사회의 시스템과 질서를 파괴시키는 일은 없어야 합니다.

그러나 "부모를 공경하라"는 제5계명은 부모를 공경하고 싶어도 할 수 없는 사람들, 부모에 대한 원망과 분노를 가슴에 품고 사는 사람들에게는 참으로 무정한 명령으로도 느껴집니다. 더구나 자녀가 도무지 존경할 수 없는 부모들이나 자녀들에게 나쁜 짓을 요구하는 부모에 대해서도 복종해야 하는가라는 반문도 하게 만든다. 즉, 이 세상에는 "부모를 공경하라"는 제5계명을 거부하거나 동의하고 순종하기가 어려운 사람도 있는 것이 현실입니다. 사실 많은 사람들이 철학자 니체의 말처럼 자

---

87 존 칼빈, 『기독교 강요』, 제2권 8장 35, 491.

신을 "세상에 의미 없이 내 던져진 존재"라고 생각합니다. 또한 하나님의 사랑도 부모의 사랑도 받아본 적이 없다고 생각하는 이도 있습니다. 그리고 지금 이 순간에 이 책을 읽으면서 마음에 갈등을 느끼지만, 부모의 얼굴도 모른 채 역경 속에서 악전고투하며 자신의 삶을 개척하는 청소년들도 있을 것입니다. 그런가 하면, 자신은 "자수성가"한 사람이라고 말하는 이들 중에서도 제5계명을 불편하게 생각하는 사람이 있을 것입니다. 왜냐하면 그들이 말하는 "자수성가(自手成家)"라는 의미는 부모나 누구의 도움을 받지 않고 스스로의 힘으로 재산을 모으고 집안을 일으켜 세웠다는 자부심을 뜻하기 때문입니다. 그러나 "자수성가"라는 생각이나 말은 타인으로부터 들을 수 있는 "평가와 칭송"의 말일 뿐 스스로가 그렇게 생각하며 자신의 입으로 할 말은 아니라는 것을 깨달아야 합니다. 즉, 이처럼 불행한 사람들도 모두 "부모를 공경하라"는 제5계명에 순종해야 합니다. 왜냐하면, "성경"의 가르침으로 말해서, 자기를 태어나게 하신 이가 하나님이고 낳아 주시고 양육한 이가 부모이고 국가이기 때문입니다. 비록 재산을 물려받지도 못했고 충분한 사랑과 헌신도 받은 기억이 없지만, 자신이 이 세상에 존재하는 것은 하나님의 은혜이고 부모의 사랑 때문인 것입니다. 하나님을 모르던 옛날 서당에서 사용했던 한문교과서 사자소학(四字小學)에 기초해서 말하더라도 부모와 자녀의 관계성이 지니고 있는 의미는 거의 동일합니다. 즉, 인간의 신체발부(身體髮膚: 몸 전체)는 수지부모(受之父母: 부모에게서 받음)니 불감훼상(不敢毀傷: 헐거나 상하게 하지 않음)이 효지시야(孝之始也: 효도의 처음이다)라고 가르쳤습니다. 그리고 자신이 존재하는 것은 국가가 있기 때문이라는 사실도 잊어서는 안 됩니다. 그러므로 인간은 누구나 생명을 주신 하나님과 낳아 주신 부모를 사랑하고 공경하고 국가의 지도자들을 존중하는 것이 옳은 것입니다. 그러므로 "부모를 공경하라"는 제5계명은 인간이 핑계하거나 조정할 수 있는 상대적인 규범이 아니라, 거부할 수도 없고 핑계할 수도 없는 절대적인 "도덕률"로 인식해야 옳은 것입니다.

(바) 제6계명

제6계명은 "살인하지 말라"(출 20:13)입니다. 이 계명에 담긴 하나님의 뜻은 인간의 생명은 하나님의 소유이므로 인간이 해쳐서는 안 된다는 것입니다. 즉, 생명은 여호와 하나님의 영광을 찬양하고 경배하며 그분을 섬기기 위하여 창조되는 것이므로 해치지 말라는 것입니다. 또한 생명은 하나님을 사랑하고 기뻐하며 하나님이 원하시는 선(善)한 일들을 감당하기 위해 창조됨으로 고귀하게 여기고 보호하라는 명령입니다. 그래서 제6계명은 "네 이웃을 네 자신과 같이 사랑하라" 하신 예수 그리스도의 명령에 순종하는 가장 기본적인 "가치관"이 됩니다.

제6계명이 금지하는 살인은 "보복적인 살인", "계획적인 살인", "충동적인 살인", "과실로 인한 살인", "우연한 살인" 등 모든 살인행위를 금지하는 것입니다. 인간이 제6계명을 준수하려면 살인의 이유가 되는 모든 동기를 멀리해야 합니다.

첫째, 인간을 향해 악한 마음을 품지 않아야 합니다. 즉, 살인의 동기가 되는 미움, 시기, 화, 복수심과 같은 악한 마음을 품지 않아야 합니다(롬 1:29; 요일 2:9, 11; 약 1:20; 갈 5:19-21). "성경"에 따를 때, 가인의 살인 동기는 아벨에 대한 시기와 질투로 인한 분노였고, 아합과 이세벨이 나봇을 죽이게 된 동기는 나봇의 아름다운 포도원에 대한 탐욕이었습니다. 세례 요한이 죽게 되는 이유도 헤로디아(헤롯의 아내)의 복수심에 기인한 것이었습니다. 그래서 그리스도는 산상수훈(마 5-7장)에서 살인이 아니라 형제를 미워하는 일부터 "지옥 불"에 들어가게 된다고 가르치셨습니다. 그러므로 제5계명을 온전히 수행하는 태도는 악한 마음을 품지 않는 데서 나아가 이웃을 향하여 인내, 평화, 온유, 자비 그리고 친절을 베푸는 것입니다. 더 나아가 악을 선으로 갚으며 원수에게까지도 선을 행하는 것입니다. 결국 그리스도인들은 그리스도께서 네 이웃을 네 몸처럼 사랑하라는 명령을 따라야 합니다.

둘째, 인간이 제6계명을 준수하려면 살인의 동기가 되는 행위를 하지 않아야 합니다. 즉, 인간은 생명체가 누려야 할 삶의 조건인 자연환경을 파괴하지 않아야 합니다. 자연환경을 파괴하는 행위들은 고의적인 대기오염, 수질오염, 토양오염 등 공해를 유발하는 짓 또는 방조하는 짓들도 모두를 의미합니다. 즉, 유해한 독극물이나 중금속이 포함된 오폐수를 강이나 하천에 무단으로 방류하며 수질과 토양을 오염시키는 짓은 인간의 생명을 살상하는 것과 다름이 없습니다. 특히 자신의 공장에서 배출되는 화학성 연기와 공업용 폐수를 정화시킬 수 있는 방도와 방법을 알고 있으면서도, 비용의 문제로 적용하지 않고, 그대로 방출하는 짓은 살인행위와 별로 다름이 없습니다.

셋째, 인간의 먹고사는 문제를 악용하여 재물을 획득하려는 생각을 버려야 합니다. 즉, 인체에 해로운 재료를 사용하여 불량식품을 제조하고 판매하거나, 유통기한이 지난 식재료를 납품 또는 구입하고, 그것으로 음식을 만들어 먹게 함으로써 식중독을 유발시키는 짓. 식료품과 생필품을 독과점하고 매점매석하는 행위들을 하지 않아야 합니다. 그것은 모두 자신의 욕심을 채우려고 타인의 목숨을 해치는 짓들입니다.

넷째, 인간은 타인의 인격과 자존감을 해치는 짓을 하지 않아야 합니다. 그것은 힘센 사람이 약한 사람에게 또는 여러 사람이 한 사람에게 가하는 잔인한 폭력을 말합니다. 또한 부유한 자가 가난한 사람을 멸시하고, 권세를 가진 자가 종속된 자들을 압제하며 학대하는 짓들입니다. 생계를 위해 또는 학비를 벌기 위한 선량한 사람들에게 폭언과 폭력을 휘두르는 '갑질'은 인간으로써 참으로 부끄러운 짓들입니다. 특히 대기업이 약소한 기업을 부당하게 대우하거나, '코리안 드림'을 성취하려고 우리 곁에서 열심히 일하는 "외국인 노동자"들을 노예처럼 혹사시키는 짓은 그들을 죽이고 있는 것입니다. 이 모든 악행들은 인간의 인격적 존엄성과 자존감을 손상시키며 두 눈을 부릅뜨고 분노 속에서 죽게 만드는 행위와 다를 바가 없습니다.

다섯째, 퇴폐적이고 비도덕적인 성문화를 조성하고, 그것들을 상품화시켜서 이익을 챙기는 비인격적인 짓을 하지 않아야 합니다. 특히 심신이 미성숙한 사람들을 상대로 인터넷과 SNS(scial network service)을 통하여 성 착취를 일삼으며 인간을 동물처럼 만들어 버리고 금품을 갈취하는 짓을 하지 않아야 합니다. 특히 "익명의 그늘"에 숨어서 근거 없는 비난과 비방으로 인간의 피를 말리며 자살하게 만드는 소위 "악플러 짓"은 하지 않아야 합니다.

여섯째, "학교폭력"에 있어서, 괴롭힘을 당한 아이가 자살한 경우에 "재미로 그랬다"는 자기 자식을 두둔하는 부모는 자살한 아이의 죽음에 대하여 책임이 있습니다. 그들은 내 자식이 저지른 폭력에 대해서는 관대하고, 내 자식이 피해를 입은 경우에는 학생이고 선생이고 가릴 것 없이 고소고발 하는 사람들입니다. 이와 같은 모든 악행들은 사람들의 몸과 마음이 상하고 병들어 죽게 만들기 때문에 "살인하지 말라"는 제6계명을 위반하는 죄인 것입니다.

그러나 인간의 일생에는 무엇이 올바른 생각과 행동인지 판단하거나 평가하는 일이 어려운 몇 가지 경우가 있습니다. 즉, 자살과 낙태, 정당방위와 전쟁 및 생의학적 목적을 가지고 인간이 인간의 생명을 다루는 일들이 있습니다. 이러한 상황에 대하여 그리스도인들은 어떤 태도를 취하고 어떤 판단을 해야 윤리적이고 도덕적으로 옳은 것인지 미리 생각해 둘 필요가 있습니다.

첫째, 자살에 대해서 생각해 봅시다. 그리스도인들은 흔히 자살은 죄라고 말합니다. 그 이유는 생명의 주인이 자신이 아니라 하나님이라는 믿음 때문입니다. 그 믿음은 옳습니다. 그러나 자살은 내부적인 동기보다 외부적인 동기에 의해서 발생하는 것이므로 그러한 자살을 죄로 정죄하는 것은 옳지 않다고 생각합니다. 왜냐하면, 자살은 자신의 생명을 포기해야 할 만큼 외부에서 가해지는 고통이 크거나, 죽음으로 해결해야만 하는 중요한 목적이 있어서 선택하는 결단이기 때문입니다. 즉, 순교자는 자기의 종교적 신념을 지키려고 죽음을 택합니다. 테러범들은 자기 국가와 민족을 위하여 폭탄조끼를 입고 자기의 목숨을 스스로 던집니다. 점령군의 입장에서 볼 때 모든 레지스탕스들과 독립군들은 테러범들입니다. 또한 자살특공대는 전쟁의 승리를 위한 특수임무를 띠고 죽음의 길로 스스로 들어갑니다. 우리는 자기의 목숨을 바쳐 자신의 신념과 목적을 성취하려 했던 그들 모두를 "영웅"으로 칭송합니다. 또한 자신의 명예와 지조를 지키려고 목숨을 버리는 경우도 있습니다. 전설처럼 전해 오는 "삼천궁녀의 낙화암 투신"이 그렇고 임진왜란 당시의 진주 관기 논개와 평양 기생 계월향도 국가를 위해 자신의 목숨을 바친 의기(義妓)들입니다. 또한 "성경"에서도 패전한 사울 왕이 중상을 입고 이방족속 블레셋에게 당할 모욕을 피하려 스스로 자결하는 장면도 볼 수 있습니다(삼상 31:3-5). 더구나 예수 그리스도께서도 말씀하시기를 "사람이 친구를 위하여 자기 목숨을 버리면 이보다 더 큰 사랑이 없다"(요 15:13)라고 하셨습니다. 그래서 우리는 다른 사람의 목숨을 구하려고, 자신의 목숨을 던지는 사람들의 죽음을 명예롭게 여깁니다. 그래서 필자는 "자살은 죄"라고 말하는 것은 전혀 "성경"적이지 않다고 생각합니다.

　필자의 이러한 생각을 독자들과 함께 평가해 보고자 합니다. 예를 들면, 자녀가 자살했고 그 원인이 학교폭력 때문이라고 했을 때, 필자는 자살의 책임이 아이에게 있다고 생각하지 않습니다. 그것은 부모들이 응분의 책임을 져야 할 일이며, 아이가 속해 있던 학교와 국가의 책임이라고 봅니다. 아이가 오죽 힘들었고 참고 극복하기가 어려웠으면 자살했을까? 아이는 자기의 생명을 포기하더라도 그 고통으로부터 자유롭기를 원했던 것입니다. 성인이 자살하는 경우에도 마찬가지입니다. 그러므로 살아 있는 자는 자살한 사람들의 영혼을 위로하며 미안해하고 반성해야 할 뿐 비판하거나 정죄하는 것은 옳지 않다고 생각합니다. 그리고 자살하는 사람들이 그리스도를 믿는 믿음 안에서 죽기를 결단했다면, 필자는 그리스도께서 그들의 영혼을 영접하시고 그 눈에 눈물을 닦아 주시며 위로해 주셨을 것이라고 필자는 믿습니다.

둘째, 임신중절 또는 낙태에 대해서도 생각해 봅시다. "성경"의 말씀에 기초했을 때 태아의 생명은 분명히 하나님께서 주신 것이므로 태중의 생명체를 인간이 제거하는 행위는 분명히 제6계명을 위반하는 죄입니다. 그리고 현행법은 태아로 인하여 어미의 건강과 생명이 심각한 위험에 빠질 수 있는 경우가 아니면 낙태를 금지하고 있습니다.

그러나 필자의 생각을 미리 말하자면, 낙태의 문제는 그 어미가 결정해야 할 문제이지 법으로 금지시킬 일은 아니라고 생각합니다. 왜냐하면 필자는 여성의 복중에 잉태되는 모든 생명이 하나님의 섭리에 의한 것은 아니라고 생각하기 때문입니다. 즉, 여성이 감당할 수 없는 위력 또는 힘과 폭력에 의해 임신이 되었거나, 심신이 미령하거나 미약해서 부지중에 이루어진 임신을 하나님의 섭리라고 말할 수는 없다고 생각하기 때문입니다.

또한 인간의 생명은 생명 그 자체의 존엄성과 함께 그 생애의 의미와 가치가 존중되어야 합니다. 즉 영혼과 생명이 하나이고 몸과 마음이 하나이므로 생명의 중요성만큼이나 인생의 의미도 중요한 것입니다. 따라서 모든 태아의 임신중절을 법으로 금지한다는 것은 여성에게 불가항력적으로 닥친 불행을 피할 길을 막아 버리고 그 불행이 그녀의 일평생에 지속되게 하겠다는 것과 같다고 생각합니다. 특히 폭력에 의해 생겨난 태아의 중절을 법으로 금지한다는 것은 범죄자의 악행이 여인의 일생을 통하여 지속되게 하겠다는 것과 같다고도 생각하는 것입니다. 그래서 필자는 인간의 악행으로 이루어진 임신은 중절의 과정을 통하여 그 범죄의 영향이 지속되는 것을 중단시키고 여성의 불행을 회복시켜야 한다고 생각합니다. 낙태 또는 임신중절을 결단하는 문제의 일반적인 위험성과 부당성에 대해서는 이미 수많은 사람들이 악행인 것처럼 동일한 취지로 말하고 있음으로 필자가 보탤 말은 없습니다. 그러나 분명한 것은 낙태를 결정하는 어미는 태아의 생명과 자신의 생명, 그리고 자신의 일생과 태아의 일생이 걸린 문제를 고민하고 결단한다고 필자는 믿습니다. 따라서 현행법이 규정한 낙태 금지의 문제를 산모의 생명과 건강에만 고정시켜서 생각할 것이 아니라, 여성의 실존적인 문제들 즉, 명예와 인격과 그녀의 일생을 고려해야 한다고 생각합니다. 우리는 사람의 저지를 수 있는 일순간의 잘못을 두고 징벌만 생각할 일이 아니라 회복할 수 있는 길을 마련해 주어야 한다고 봅니다.

그리고 태아를 생명체로 존중하고 그를 인격체로 본다면, 출산 후의 성장과 양육에 대한 문제도 고려해야 한다고 봅니다. 말하자면, 산모가 아직 어려서 자식을 키울 수 없거나 심신이 온전치 못하여 스스로 양육하기가 어렵다면 임신중절을 고려해야 한다고 봅니다. 왜냐하면 그러한 조건에서 태어나는 아기는 대부분 어미에게서 버려지고 사회가 마련해 놓은 복지기관에 맡겨지거나, 알지 못하는 누군가에게 입양되기 때문입니다. 즉 출산된 아기가 그러한 조건에 맡겨지거나 버려진다면 그것은 태중에서 대접받던 아기의 인격을 태어나는 순간에 박탈해 버리는 것이나 다름이 없는 것입니다. 또한 여성이 원치 않는 태아가 법의 보호 안에서 출산되면 그 아이의 일생은 니체의 말처럼 "아무런 의미 없이 세상에 던져진 존재"가 되어 험한 세상을 살아가게 될 수 있습니다.

그래서 필자는 타락한 성문화가 범람하는 오늘날의 사회에서 임신중절을 금지하는 "낙태 금지법"은 전 근대적이고 비인격적인 법률이라고 생각합니다. 그리고 간통이 법적으로 허용되고, 미성년자들의 임신이 현실적인 문제로 대두되어 있는 이 시대에 임신중절을 금지하는 법은 실정법의 법 취지에도 맞지 않는다고 봅니다. 성소수자들을 위한 차별금지법을 통과시키려는 정치지도자들, 위력에 의한 성폭력이 심각한 우리 사회에서 "낙태 금지법"은 여성에게만 적용되는 불평등한 "족쇄"에 지나지 않는다고 생각합니다. 더구나 오늘날은 유전자를 변형시키며 생명체의 본질을 조작하는 시대이며 줄기세포로 장기를 만들어 건강을 증진 시키고 생명을 연장하는 시대입니다. 그리고 인간을 복제하여 필요한 부분을 사용하고 나머지 부분은 폐기시키려는 생각에 대한 찬반 논의가 분분한 시대입니다. 이러한 시대에 낙태를 금지하는 것은 옳지 않다고 생각합니다.

필자는 하나님께서 "살인하지 말라"는 제6계명을 불의한 생명, 악의 씨앗을 보호하려는 목적으로 제정해 주셨다고 생각하지 않습니다. 이 계명은 오직 사랑이 잉태한 생명, 하나님이 축복하는 생명, 하나님의 선한 일을 하는 사람들의 생명 그리고 하나님의 섭리 안에서 착하게 살아가는 사람들을 보호하려는 목적으로 제정하셨다고 믿습니다. 즉 하나님의 뜻에 합당한 의미와 목적을 가진 생명들을 함부로 죽이지 말라는 명령이라고 믿습니다. "성경"에 따를 때, 하나님께서는 여러 가지 죄악에 대하여 "죽이라"는 명령을 하고 있지만, 그것은 선한 사람들의 생명을 보호하고 자기 백성의 순결을 지키기 위한 명령들입니다. 그래서 제6계명은 생명을 살리는 일에 적극적으로 행동하지 않는 것을 죄악으로 규정합니다. 그러므로 제6계명은 "생명"과 "인생"을 함께 지키고 지켜 주라는 명령이므로, 임신중절은 생명과 생명의 실체인 인생의 전반을 함께 고려해서 적용해야 한다고 봅니다. 따라서 필자는 낙태의 문제를 어미의 의견을 중심으로 가족이 결정할 문제라고 보며, 국가는 가족이 해결하지 못하는 부분들을 적극적으로 도울 책임이 있다고 봅니다.

셋째, 정당한 살인 또는 정당방위라는 개념에 대하여 생각해 봅시다. 이를테면 우리의 현실 속에서 불법적인 폭력에 대항하여 자신과 가족을 보호하려는 과정에 발생하는 "살인 또는 폭력"의 행위는 정당한 일일까요? 이 문제에 대하여 『웨스트민스터 대요리문답』은 비합법적인 폭력에 대한 정당방위는 언제나 합법적이며 우리가 지켜야 할 도덕적인 의무라고 말합니다. 그리고 폭력적인 범죄와 살인에 대하여 저항하지 않는 것은 제6계명을 잘못 이해하는 것이며, 그것은 범죄자가 된 사람은 지나치게 사랑하고 자신과 가족 또는 이웃을 사랑하지 않는 사람이라고 합니다. 그래서 필자는 나와 가장 가까운 이웃은 나의 가족이며, 폭력적인 범죄로부터 나와 우리 가족의 생명을 지키는 일은 정당하며 가족의 의무라고 생각합니다.

그리고 현대사회에 존재하는 정당한 살인에 대해서도 생각해 보면, 거기에는 "정부 당국의 칼"이 있습니다. 그 칼은 세상의 범죄자들로부터 선한 사람들을 보호하고 질서를 유지하기 위한 수단으로써 국가를 통치하는 기관에 하나님께서 부여하신 권세이고 권력입니다. 하나님께서 국가에 쥐여 준 권력은 국민의 삶을 보호해야 할 내적책임과 다른 국가 또는 세력의 침략으로부터 국민의 재산과 생명을 지키기 위한 외적책임, 즉 국방의 임무를 가집니다. 그러므로 국민은 정부 당국의 지시와 명령에 복종할 의무가 있습니다. 즉, 공권력이 "사형"을 결정하면 복종해야 하고, 전쟁을 결정하게 되면 그 전쟁을 수행해야 하며, 가족과 교회와 국가를 보호하기 위해 성실하게 주어진 임무를 감당해야 합니다. 따라서 사형의 집행 또는 전쟁에서 벌어지는 살인에 대해서는 찬반의견이 나누어져 있지만 필자는 제6계명에 저촉되지 않는다고 믿고 있습니다. 그리고 칼뱅도, "피 흘리기를 삼간다고 해서 살인이라는 범죄행위를 피하는 것이 아니며 저항할 능력이 있는데도 자신과 이웃을 지키지 않으면 그것이 사악하게 하나님의 도덕법을 어기는 것이라고 말했습니다.

넷째, 살인하지 말라는 제6계명을 토대로 오늘날의 생물학이 제기하는 윤리적인 문제에 대해서도 생각해 봅시다. 오늘날 생물학이 중심이 된 생명과학은 하나님이 섭리하시는 생명의 탄생과 죽음을 인간이 결정하게 만들고, 실존적인 측면에서 유익과 해악을 동시에 안겨 주고 있습니다. 오늘날은 유전자 검사를 통하여 태아의 출산과 유산을 결정할 수 있고 해로운 유전자를 제거하여 건강한 아기를 출산할 수 있는 세상입니다. 그러나 오염된 생태환경 속에서 인간이 완전히 건강하게 태어나기는 어렵다는 측면에서 생각할 때, 유전자검사로 출산과 낙태를 결정한다는 것은 윤리적인 문제가 있습니다.

또한 오늘날 우리는 인간 생명을 연명시키거나 단절시키기도 합니다. 생명의 연명에 적용되는 의술들 중에는 늙고 병든 인체의 조직 또는 기관을 인공적인 부품으로 대체하거나 다른 생명체의 장기와 조직을 적출하여 이식하는 기술이 있습니다. 이러한 과학적 진보를 좁게 보면 생의학의 발전이고 넓게 보면 인간개조에 속하는 기술의 발전입니다. 이러한 생의학에서 동물의 생체 조직과 기관을 활용하여 인간의 질병을 치료한다는 것은 하나님이 정하신 자연의 질서를 크게 위반하는 문제라고 생각되지는 않습니다. 그러나 병든 인간의 체세포를 복제하여 똑같은 인간을 만들고, 그것으로부터 본체의 질병 치료에 필요한 부분만 사용하고 나머지는 폐기처분해 버리는 짓은 찬성할 수가 없습니다. 생명체의 복제가 허용된 후 사용 후 폐기처분된 생명체의 사체들이 쓰레기처럼 취급되고 버려지는 모습을 생각하면, 그 세상은 너무나 끔찍합니다. 이처럼 오늘날의 인류는 생명의 지속과 개체로써의 존재성에 대한 미증유의 유익과 동시에 위기를 경험하고 있습니다. 따라서 필자는 생의학과 생명과학의 발전에 적용할 모든 법과 규정 및 정책은 제6계명 "살인하지 말라"는 "도덕률"을 바탕으로 지혜롭게 추진되어야 옳다고 생각합니다.

제6계명에 대한 필자의 견해를 정리하자면, 자기의 생명을 죽이는 자살과 다른 인간을 죽이는 낙태와 안락사는 분명히 제6계명을 위반하는 행위라고 생각합니다. 그리고 인간을 살리기 위해 인간을 복제하고 나머지는 폐기처분시킬 수 있다는 과학주의적인 사고방식에도 제6계명을 위반하는 위험이 있다고 봅니다. 그러나 정당방위 및 전쟁으로 인한 살상은 이 계명의 범위를 넘어선 "하나님의 통치"에 관한 일이라고 생각합니다. 이러한 필자의 신념은 하나님의 명령에 인간은 순종해야 하고 국민은 국가의 명령에 복종해야 한다는 기본적인 신앙양심이라고 말할 수 있습니다.

그렇지만 이 모든 문제에 대하여 결단해야 하는 당사자의 입장에서 생각할 때, 필자는 제3자로써 그것이 얼마나 두려운 선택인지 또 얼마나 어려운 판단인지 미루어 짐작합니다. 그래서 필자는 그들을 정죄하기보다는 그와 같은 결단을 선택할 수밖에 없었던 그들의 마음을 위로하고 그들의 판단을 존중하고자 합니다. 그리고 인간은 그 누구도 이러한 문제에 대한 당사자의 결단을 비난하고 비판하지 말고 그 상처를 싸매주며 위로하는 선한 이웃이 되어야 한다고 생각합니다.

사실 인간은 죽음을 두려워하는 존재이지만, 지속적인 육신의 고통과 끝이 보이지 않는 인생의 고난을 죽음보다 더 두려워하고 벗어나고 싶어 합니다. 그래서 인간은 하나님 앞에서 죄인일 수밖에 없는 것입니다. 그리고 필자는 인간이 인간의 생명을 해친 모든 행위에 대한 하나님의 선악 간 심판은 그 누구도 피할 수 없다고 믿습니다.

(사) 제7계명

제7계명은 "간음하지 말라"(출 20:14)입니다. 이 계명은 인간이 저지르는 "육체적 간음"과 "영적 간음" 모두를 금지하는 하나님의 명령입니다. "육체적 간음"이란, 혼인한 배우자와의 성관계를 제외한 인간의 모든 성행위를 말합니다. 즉, 모든 부적절한 성적 관계와 음란하고 퇴폐적인 성문화와 관계를 맺는 일체의 행위를 말합니다. 그리고 "영적 간음"이란 그리스도인들이 점쟁이나 무당 또는 승려들을 찾아가 그들에게 일상(日常)의 길운(吉運)을 물어보는 것이며, 그와 유사한 점치는 행위 모두를 말합니다. 그리고 성공과 출세 및 명예와 권세를 하나님을 사랑하는 일보다 더 소중하게 생각하며 그것들을 자신의 삶에서 섬기는 우상으로 만드는 것이 "영적 간음"입니다. 즉 하나님보다 더 소중해진 인생의 갖가지 목표는 모두 우상이며 영적 간음의 동인이 됩니다.

따라서 "간음하지 말라"는 제7계명에는 본성이 타락한 인간의 몸과 마음을 보호하고 부부의 건강하고 행복한 삶을 지켜주시려는 하나님의 사랑과 긍휼하심이 담겨 있습니다. 창조주 하나님께서는 그의 피조물인 인간의 몸과 마음이 "육체적 간음"으로부터 깨끗하고 순전하게 보존되기를 원하십니다. 즉, 하나님은 "내가 거룩하니 너희도 거룩하라"(레 11:45) 하신 말씀 그대로 자기의 백성들이 거룩하게 보전되기를 원하십니다. 그것은 인간이 도덕적으로 온전하게 사는 것이며 그 요체는 하나님께서 부여하신 성적 기능을 하나님의 뜻에 맞게 올바르게 사용하는 것입니다. 즉, 인간의 남녀가 결혼하여 아기를 낳고 양육하며, 동물들이 교배하여 새끼를 낳고 기르며, 물고기의 수정(授精)된 알에서 새끼들이 부화되고 자라나는 것은 모두 하나님의 섭리입니다. 하나님은 창조세계의 충만을 위하여 인간을 비롯한 모든 동물들을 암수로 창조하셨으며, 그 모든 피조물들이 번식하고 세상에 충만하도록 원하셔서 성욕과 생식 기능을 본능으로 부여하셨습니다. 심지어 땅에 뿌리를 내린 식물들마저도 암술과 수술이 있어서 곤충이나 바람 등 자연의 도움을 받으며 번식합니다. 그러므로 온 세계에 생명체가 충만한 것은 그 모두를 암수로 창조하신 하나님의 지혜이며, 자연세계에서 창조가 지속되게 만드신 하나님의 권능입니다. 그러므로 자연에 속하는 모든 생명체의 성생활은 하나님이 제정하신 남녀와 암수의 조합으로 이루어져야 하며, 그것이 하나님이 정하신 자연법칙이며 창조질서입니다.

우리 한국의 실정법은 간통을 범죄로 취급하지 않지만, "성경"에서 하나님은 육체적 간음 즉, 간통을 금지하셨습니다.

> 어떤 남자가 유부녀와 동침한 것이 드러나거든 그 동침
> 한 남자와 그 여자를 둘 다 죽여 이스라엘 중에 악을 제할
> 지니라 처녀인 여자가 남자와 약혼한 후에 어떤 남자가
> 그를 성읍 중에서 만나 동침하면 너희는 그들을 둘 다 성

읍 문으로 끌어내고 그들을 돌로 쳐죽일 것이니 그 처녀
는 성안에 있으면서도 소리 지르지 아니하였음이요 그
남자는 그 이웃의 아내를 욕보였음이라 너는 이같이 하
여 너희 가운데에서 악을 제할지니라(신 22:22-24)

그리고 하나님께서는 자기 백성들이 점쟁이와 무당 등을 접촉하며 그
들의 우상에게 길흉을 물어보는 "영적 간음"을 저지르지 말라고 명령하
셨습니다.

점쟁이나 길흉을 말하는 자나 요술하는 자나 무당이나
진언자나 신접자나 박수나 초혼자를 너희 가운데에 용
납하지 말라 이런 일을 행하는 모든 자를 여호와께서 가
증히 여기시나니 이런 가증한 일로 말미암아 네 하나님
여호와께서 그들을 네 앞에서 쫓아내시느니라 너는 네
하나님 여호와 앞에서 완전하라 네가 쫓아낼 이 민족들
은 길흉을 말하는 자나 점쟁이의 말을 듣거니와 네게는
네 하나님 여호와께서 이런 일을 용납하지 아니하시느
니라(신 18:10-14)

사실 구약"성경"에 기록된 대부분의 이야기들은 인간의 "영적 간음"과
"육체적 간음"에 대한 하나님의 진노와, 인간의 회개에 대한 하나님의
긍휼과 사랑에 대한 기록들입니다.
그리고 지금 우리 앞에는 "성소수자"들을 교회로 받아들여 하는가, 받

아들이지 않아야 하는가의 문제가 놓여 있습니다. 인간적인 생각으로는 받아들여야 한다고 생각하지만 "성경"의 말씀을 토대로 생각할 때, 받아들일 수 없다는 것이 필자의 생각입니다. 왜냐하면, "성경"의 "레위기" 18장 전체는 근친상간, 동성애 및 남색, 그리고 짐승과의 행음(레 18:23)과 같은 육체적 간음을 행하는 자는 그 백성 중에서 끊어 버리신다고 엄중히 경고했기 때문입니다(레 18:29). 즉, 성소수자들이 예수 그리스도를 영접하여 구원을 받는 일과, 그들이 교회공동체의 일원이 되어 성도들과 형제자매의 관계를 맺는 일은 전혀 다른 차원의 문제입니다. 물론 하나님의 긍휼과 사랑은 모든 사람에게 베풀어져야 하고, 그리스도께서 십자가에서 감당하신 대속의 은혜는 자신의 죄를 회개하는 모든 사람에게 베풀어져야 합니다. 즉, 하나님을 믿고 예수 그리스도를 주로 고백하는 믿음의 백성들이 받아야 할 구원의 은총에 차별을 둘 수는 없습니다. 그러므로 "커밍아웃"하고 자신의 믿음을 고백하는 성소수자들을 교회에서도 받아들여야 하고, 그들도 날마다 하나님의 긍휼과 사랑을 받게 하는 것이 옳다고 말할 수 있습니다. 그렇지만 이런 생각은 매우 원론적인 것이며, 현실적으로는 하나님의 말씀을 거역하는 매우 위험한 발상입니다. 왜냐하면 그들은 자신의 성취향이 정당하다고 주장하기 때문입니다. 즉, "성경"에 죄악으로 적시된 그들의 성취향이 변형되거나 변형시키려는 노력이 있지 않으면, 그들은 하나님의 백성이 될 수 없기 때문입니다. 그러므로 이 문제는 성소수자들이 스스로 극복해야 하는 문제일 뿐 보통 사람인 우리가 해결하거나 도와줄 수 있는 문제가 아니라고 봅니다.

그러므로 성소수자들을 교회가 영접해야 하는가에 대한 필자의 생각은 "안 된다"는 것입니다. 성소수자 자신이 자신의 성적취향을 바꾸고 정상적인 성적 가치관을 지닌 보통 인간으로 돌아오지 않는 한 "공교회와 거룩한 성도의 교제"는 이루어질 수 없다고 생각합니다. "성경"은 분명히 성소수자들의 동성을 향한 성적 지향 자체를 죄로 규정하고 동성 간 성행위는 "음행의 죄"로 엄격히 금지하고 있습니다. 그러므로 이 문제는 시민교양 또는 관용의 차원에서 생각할 것이 아니라, 하나님의 말씀에 순종하는가, 하지 않는가의 차원에서 생각해야 할 문제입니다. 그리고 그리스도의 몸인 교회와 성령의 전인 우리 그리스도인들의 몸이 마땅히 지녀야 할 정체성과 공동체성을 보존하는 차원에서 생각할 일입니다. 그러므로 필자는 이 문제에 대하여 "성경"의 명확한 가르침을 따라야 할 뿐 인간의 생각으로 타협할 일은 아니라고 생각합니다.

(아) 제8계명

제8계명은 "도적질하지 말라"(출 20:15)입니다. 이 계명은 다른 사람의 소유물들을 훔치고 빼앗는 것을 금지하고 있으며, 동시에 각 사람이 자기의 소유들을 지닐 수 있도록 이웃을 돕고 보호하는 일에 힘쓰라는 명령입니다.

제8계명이 금지하는 도둑질의 범위는 실물에 국한되는 것이 아니며 도적질의 모습은 참으로 다양합니다. 폭력을 사용하여 강탈하는 도적이 있고, 악한 간계를 써서 타인의 소유를 가로채는 사기(詐欺) 행위가 있습니다. 또한 법을 이용하여 타인의 재물을 탈취하는 합법적인 도적질이 있고, 교묘하게 속여서 남의 것을 훔치는 사취(詐取)도 있습니다. 공갈 협박으로 위협해서 다른 사람의 소유를 빼앗는 갈취(喝取)도 있습니다. 또 근로자 또는 종업원의 노동력에 적절한 임금과 보수를 지급하지 아니하고 그것을 자기이익으로 취하는 자본가나 고용주의 행위도 착취(搾取)라는 도적질에 해당합니다. 그뿐만 아니라, 무게, 치수, 용량 및 품질을 속이고, 생필품을 독과점하여 폭리를 취하는 상행위와 서민에게 높은 이자로 돈을 빌려주고 무자비하게 회수하는 고리대금업도 도적질입니다.

나아가 "성경"은 다른 사람의 소유와 기회를 빼앗거나 빼앗기는 것을 방관하는 것을 도적질에 동참한 것으로 봅니다. 또한 다른 사람의 필요가 결핍된 정황을 알고 있으면서도 자기의 소유 또는 잉여(剩餘)를 나누지 않는 것도 도적질이라고 가르칩니다. 진정한 의미에서 도적질이란 훔치는 것과 빼앗는 것은 물론 나누어 주지 않는 것도 포함됩니다.

한마디로 양심을 속이고 계명을 어기며 자기의 유익을 취하는 모든 행위들이 도적질입니다. "성경"은 공동체적 존재로 지어진 인간이 이타(利他)적인 노력을 하지 않고, 자신의 소유를 가난한 이웃과 나누지 않으면 그러한 태도와 행위가 도적질이라는 것입니다. 개혁자 칼빈은 제8계명에 대하여, 통치자들과 성직자들, 부모와 자녀, 근로자와 고용주로 구분하여 해석해 주었습니다.

첫째, 통치자가 백성을 보살피고 공공의 안녕 질서를 유지하며, 선한 자들을 보호하고 악한 자들을 벌해야 하는 책임을 성실하게 행하지 않음은 도적질이라고 했습니다(신 17:19; 대하 19:6-7).

둘째, 교회의 목사를 비롯한 성직자들은 하나님의 말씀을 위한 사역에 있어서 신실해야 하고 구원의 도리를 더럽히지 않아야 한다고 했습니다

(고후 2:17). 즉, 하나님의 이름으로 전해지는 말씀은 순결하게 전해져야 할 것이며, 말씀으로만 아니라 삶의 모범을 통해서 가르쳐져야 한다고 했습니다(딤전 3장; 딤후 2, 4장; 딛 1:6 이하; 벧전 5장). 그리고 신자들은 성직자들을 하나님의 사자와 사도들로 대접하며, 그들의 생활에 필요한 것을 제공해야 한다고 했습니다(마 10;10 이하; 롬 10:15; 15:15 이하; 고전 9장; 갈 6:6; 살전 5:12; 딤전 5:17-18). 만약 성직자와 신자들이 이러한 의무와 책임을 신실하게 준행하지 않으면 그것이 "도적질에 해당한다"는 것입니다. 특히 교회에 받쳐진 성도들의 헌금은 오직 교육과 선교, 그리고 구제활동 등 교회의 목적에 맞게 사용해야 하며, 이 원칙을 벗어나서 인간을 위하여 헌금을 사용하는 것은 하나님이 쓰실 것을 인간이 도적질하는 것과 같습니다.

셋째, 부모들 역시 하나님께서 맡기신 자녀들을 양육할 때 온유함과 자비함으로 자녀들을 포용하고 소중히 여겨야 할 것이라고 했습니다. 만약에 부모들이 자녀들의 마음에 분을 일으켜 부모로부터 등을 돌리게 만들면(엡 6:4; 골 3:21) 그 행위는 하나님의 자녀를 향한 사랑을 도적질한 것이라고 했습니다. 그리고 자녀들은 이미 부모에게 순종의 빚을 지고 있으니 부모를 공경해야 한다고 했습니다. 만약에 자녀들이 부모 공경하기를 싫어하면 그것은 하나님이 정하신 세상의 "위계질서"를 거역하며 도적이 되려는 행위이라고 했습니다.

넷째, 성경은 근로자들을 향하여 "성실한 마음으로 육체의 상전에게 순종하기를 그리스도께 하듯 하라"(엡 6:5)고 했습니다. 그리고 고용주의 눈앞에서만 하지 말고 마치 하나님 앞에서 일을 하듯 마음에서부터 우러나오는 복종을 해야 한다고 했습니다. 그리고 고용주는 그의 수하에 있는 관리자들과 근로자들을 향하여 까다롭게 굴거나 쓸데없이 억압하거나 그들을 학대하지 말라고 했습니다. 근로자들을 가족처럼 대하고 주 안에서 형제로 대접하며 서로 사랑하고 인정으로 대하여야 한다고 했습니다(엡 6:5-9; 골 3:22-25; 딛 2:9-10; 벧전 2:18-20; 골 4;1; 몬 16).

따라서 제8계명, "도적질하지 말라"는 명령을 수행하는 데 있어서 그리스도인들에게 필요한 두 가지 "마음가짐"이 있습니다. 첫째, 그리스도인들은 이 세상에 내 것이라고 주장할 것은 아무것도 없고 내가 가진 것은 모두 하나님의 영광을 위해 사용하도록 맡겨진 것들일 뿐이라고 생각해야 합니다. 현실적으로 이러한 마음가짐이 지극히 어려운 것이지만 조금만 생각해 보면 이해할 수 있고 깨닫게도 됩니다. 왜냐하면 나에게 주어진 일할 수 있는 기회는 내가 만들어 낸 것이 아니라 하나님이 만들어 놓으신 것입니다. 그리고 내가 일할 수 있는 장소로서의 기업과 직업, 사회의 평안한 질서 등은 모두 하나님이 부모를 비롯한 선대(先代)들을 통하여 마련해 놓으신 것입니다. 그리고 내가 지니고 있는 일할 수 있는 능력, 즉 건강한 몸과 필요한 지식, 그리고 기술은 모둔 하나님의 '섭리' 가운데 일구어진 것이지 내가 만든 것들이 아닙니다. 그리고 그 모든 것들은 이 세상에 내가 사는 동안 내가 선택하여 활용할 수 있을 뿐 이 세상을 떠날 때는 후손들에게 물려주어야 하는 것들입니다. 그러므로 오늘 나에게 속한 소유와 재산들은 하나님의 은총과 선대의 수고와 땀이 없었으면 가능하지 않았다는 점을 인정해야 합니다. 따라서 나의 소유 그 모든 것들은 내 것이 아니라 그리스도의 것이라고 생각해야 합니다. 그러므로 내가 소유한 모든 것은 이웃과 나누어야 하고 하나님의 영광을 드러내는 일에 사용되어야 하는 것이 마땅한 것입니다(욥 1:10).

둘째, "도적질하지 말라"는 계명을 지키는 것이 이 세상에서 "행복한 삶"을 누리는 가장 확실한 방편이라는 사실을 믿어야 합니다. 한국 사회에서는 "기회의 균등"이라는 가치는 "기회는 놓치지 말고 쟁취해야 하는 것"으로 가르쳐지고, "선의의 경쟁"은 "경쟁은 무조건 이겨야 하는 것"으로 가르쳐집니다. 심지어 정직함은 요령이 없는 무능함으로 비난을 받고 반칙도 능력으로 가르쳐지고 있습니다. 이런 약육강식, 적자생존의 진화론적 사고방식의 결과는 불행(不幸)이고 파멸입니다.

문화적 세계관의 관점으로 볼 때는 진화론적 사고방식의 많은 부분이 "정당한 경쟁"으로 간주될 부분도 있을 것입니다. 그러나 이러한 진화론적 사고를 벗어나지 못한 사람들, 세상에서 권력과 명예를 휘두르며 남의 것을 "도적질"하던 그들은 언제나 "심판"을 받고 "감옥"으로 갑니다. 물론 그들에게 도적질 당한 사람들, 오히려 그들의 폭거에 고난을 받고 있는 사람들은 하나님께서 보상하시며 회복시켜 주실 것입니다. 왜냐하면 그것이 하나님의 섭리가 지니고 있는 속성 즉, "회복적 정의의 구현"이기 때문입니다.

우리 사회가 윤리 · 도덕의 붕괴를 겪으면서도 유지되고 발전을 하는 이유는 하나님께서 모든 인간의 마음에 심어 주신 자연법 즉 "양심의 법칙"이 살아 있기 때문입니다. 또한 세상에 악함이 만연되고 있지만, 여전히 감동이 있고 소망이 있는 것은 세상의 안녕과 평안을 위해 헌신하는 사람들의 눈물과 땀, 그리고 염원(念願)과 기도(祈禱)가 있기 때문입니다.

현대사회에서 제8계명을 온전히 지키는 것은 참으로 어려울 것입니

연꽃과 포도의
오해와 진실

다. 그러나 그리스도인들은 "성경"의 가르침에 순종해야 합니다. 그리고 그리스도인들은 이웃에게 인내와 권면과 사랑의 손길을 내밀며, 약한 자, 소외된 자, 가난한 자, 병든 자들을 보살피는 일에 더욱 매진해야 합니다. 이것이 제8계명이 지닌 본뜻이며 인간이 취해야 할 행복한 삶의 조건입니다.

(자) 제9계명

제9계명은 "네 이웃에 대하여 거짓증거 하지 말라"입니다(출 20:16). 이 계명이 금지하는 것은 남에게 거짓 혐의를 씌워 비방하거나 거짓말로 사람을 해치지 말라는 것입니다. 그리고 이 금지 명령은, 누구에게든지 진실을 증언하여, 타인의 명예와 인격을 보호해야한다는 적극적인 행위 규범입니다. 이 계명의 목적은, 진리이신 하나님께서는 거짓을 미워하심으로 우리가 서로 속임이 없이 진실을 행해야 한다는 것입니다. 그래서 제9계명은 다음과 같은 하나님의 말씀들로 확증됩니다. "너는 거짓된 풍설을 퍼뜨리지 말며 악인과 연합하여 위증하는 증인이 되지 말라"(출 23:1) "거짓 일을 멀리 하며 무죄한 자와 의로운 자를 죽이지 말라 나는 악인을 의롭다 하지 아니하겠노라"(출 23:7) 또한 "너는 네 백성 중에 돌아다니며 사람을 비방하지 말며 네 이웃의 피를 흘려 이익을 도모하지 말라 나는 여호와이니라"(레 19:16) 이러한 말씀들이 제9계명의 본질을 말해 주고 있습니다.

제9계명이 "금지하는 것"은 한마디로 거짓말하지 말라는 것과 거짓으로 증거하지 말라는 것입니다. 그리고 이 계명은 거짓말을 금지하기 위한 것이긴 하지만, 거기에는 우리 이웃의 명예를 보존하기를 힘쓸 것을 장려하는 적극적인 행위규범이 포함되어 있습니다. 따라서 그리스도인들은 누구에 대해서도 거짓된 증거를 제시해서는 안 되며 그 누구에 대해서도 비방하거나 모독하는 자가 되어서는 안 됩니다. 그리고 재판과 처벌의 문제에 있어서도 언제나 명백하고 진실 된 증언만 하고 진실 된 마음으로 판결해야 합니다. "성경"은 "너는 거짓된 풍설을 퍼뜨리지 말며 악인과 연합하여 위증하는 증인이 되지 말며 다수를 따라 악을 행하지 말며 송사에 다수를 따라 부당한 증언을 하지 말며 가난한 자의 송사라고 해서 편벽되이 두둔하지 말지니라"(출 23:1-3)라고 명령하고 있습니다. 그러므로 제9계명에 담긴 행위규범의 본질은, 자신에게는 엄격해야 하지만 이웃에 대해서는 관대하여, 사람과 사람 사이의 관계를 소중하게 여기라는 것입니다. 즉, 이웃의 재능과 미덕을 기뻐하고 이웃의 연약함에 대하여 슬퍼하라는 것이며, 이웃에 대한 나쁜 소문을 시인하기보다 그들의 결백을 변호해 주라는 것입니다.

그러나 오늘날 한국 사회는 인터넷 문화의 익명성으로 인하여 거짓말, 욕설, 비난과 비방 등, 언어로 구사하는 폭력이 난무하고 있습니다. 인터넷과 SNS를 통하여 퍼뜨려지는 험담의 소재는 기본적으로 타인에 대한 중상과 모략이며, 냉소적인 욕설과 가혹하고 편파적인 비난 일색입니다. 중상과 험담은 징계하고자 하는 의도로 행하는 책망도 아니고, 대상을 두려움으로 자극하여 잘못을 바로잡는 교정의 수단도 아닙니다. 험담이란 단지 남의 명예를 훼손시키고자 하는 악의와 방자한 욕심이 담긴 거짓 증언일 뿐입니다. 이러한 익명의 댓글 문화는 무고한 사람의 생명을 앗아가거나 인생을 송두리째 망가뜨립니다.

따라서 제9계명에 순종하는 그리스도인은 고자질하는 자와 아첨하는 자, 그리고 중상하는 자들의 편에 서거나 그들의 거짓된 행동에 동참해서는 안 됩니다. 특히 타인의 잘못에 대한 일방적인 비난과 비방에 대하여 진실을 알면서도 침묵하거나 방관하는 것은 그와 같은 나쁜 짓에 동참하는 것과 같습니다. 그러므로 그리스도인들은 거짓된 풍설을 퍼뜨리지 않아야 하고, 악인들과 연합하여 위증하는 증인이 되지 않아야 합니다(출 23:1-2). 그리고 우리에게는 무엇보다 포악한 대중의 위력이나 불의한 공권력의 압제에 대하여 정의와 공의의 구현을 위해 진리와 진실을 밝히며 투쟁하는 신실한 용기가 필요합니다.

그러므로 제9계명에 순종하려는 그리스도인들은 무엇보다 공평하고 정직해야 합니다. 그리고 사건과 사물 속에서 타인을 비난해야 할 악함이 보일지라도 비판하지 않아야 합니다(마 7:1-2).

(차) 제10계명

제10계명은 "네 이웃의 집을 탐내지 말라, 네 이웃의 아내나 그의 남종이나 그의 여종이나 그의 소나 나귀나 무릇 네 이웃의 소유를 탐내지 말라"(출 20:1-17)입니다. 제10계명은 인간 각자가 소유한 사유재산은 하나님께서 허락하신 개인의 소유이며, 하나님의 정의와 공의는 이 사유재산이 지켜지는 것으로부터 이루어집니다. 그리고 제10계명을 준수하기 위해서는 모든 사회악의 뿌리가 되고 인간을 악하게 만드는 탐심과 탐욕을 버리고(골 3:5) 자족할 줄 알아야 합니다(빌 4:11-13). 왜 그런가에 대해서는 "성경"에 기록된 하나님의 역사가 설명해 줍니다.

예를 들어, 다윗 왕이 우리야의 아내 밧세바를 취하고 그 남편 우리야를 죽게 만들며, 밧세바를 통하여 솔로몬을 얻은 것은 "십계명"을 위반한 것입니다. 즉, 다윗의 밧세바를 취한 것은 이웃의 아내(소유)를 탐하지 말라는 제10계명을 위반한 것입니다. 그리고 도둑질하지 말라는 제8계명과 간음하지 말라는 제7계명을 위반했으며, 살인하지 말라는 제6계명을 모두 위반한 것입니다. 또한 아합과 이세벨은 나봇의 포도원을 탐내어 거짓 증언으로 나봇을 모함했고, 거짓 재판으로 나봇을 죽게 했으며, 나봇의 포도원을 몰수했습니다. 그들이 나봇을 거짓 증언으로 모함한 것은 제9계명을 어긴 것이고, 거짓 재판으로 나봇을 죽인 것은 제6계명을 어긴 것이며, 포도원을 몰수 한 것은 제8계명을 위반한 것입니다. 하나님께서는 이 일로 아합과 이세벨을 심판하셨고 그 죄는 자신의 잘못을 후회하는 아합의 자손에게 묻는다고 하셨습니다(왕상 21장).

이처럼 "성경"에는 물질에 대한 탐욕으로 도적질을 하고 아골 골짜기에서 처형당한 아간의 이야기가 있고(수 7장), 돈을 받고 예수 그리스도를 배반하여 죽게 만든 유다의 이야기도 있습니다(마 27:3-5). 이들에게 "십계명"은 잊힌 진리였고, 모두가 물질에 대한 탐욕으로 이웃을 죽게 만들고 그로 인하여 자신의 목숨을 잃게 된 사람들입니다. 그래서 "성경"은 "돈을 사랑함이 일만 악의 뿌리가 되고 이것을 탐내는 자들은 미혹을 받아 믿음에서 떠나 많은 근심으로 자기를 찔렀다"(딤전 6:10)고 가르칩니다.

그러므로 제10계명을 준행하려면 자신의 마음에서 탐욕과 욕심을 제거해야 하고, 자족하는 법을 배워야 하며(빌 4:11-13), 무엇보다 "이웃 사랑의 능력"을 소망해야 합니다. 이웃을 사랑하는 능력은 이웃의 모든 소유를 인정해 주고 그의 모든 소유가 지켜지도록 돕고, 나아가 그의 소유가 더욱 풍성해지도록 도우는 것입니다. 즉 이웃의 소유는 하나님께서 주신 것이므로 인정해 주어야 하고, 그의 소유는 하나님이 사용하실 것이므로 지켜 주어야 하며, 그가 하나님을 위하여 더 많은 일을 할 수 있도록 더욱 풍요롭게 만들어 주어야 하는 것입니다. "성경"이 가르치는 비밀은 이러한 마음과 생각을 가지고 이웃 사랑을 실천하는 사람에게는 하나님께서 더 많은 것으로 그의 곳간을 채워 주신다는 것입니다(잠 8:20-21).

여기까지 논의한 하나님의 "도덕법 십계명"은 하나님이 변개하시지 않는 한 결코 변하지 않으며, 모든 인류에게 보편적으로 적용이 가능한 "절대적인 도덕법칙"입니다. 그리고 십계명은 그리스도인이 신앙과 학문 및 사회활동에서 견지해야 할 도덕적 규범들의 근거가 되고, 모든 윤리적 판단의 궁극적인 기준이 되는 하나님의 '도덕률'입니다. 즉, 십계명은 창조주 하나님께서 사람들에게 요구하는 모든 도덕적 규범의 기준과 목적이 되는 '도덕률'이며, 공동체의 목적과 질서를 정돈하기 위한 윤리적 규범을 합의할 때 참조해야 하는 '도덕법칙'입니다. 즉 하나님의 도덕법은 인간이 옳고 그름을 논의할 수 있는 상대적인 규범들이 아니라 오직 순종해야 하는 절대적인 윤리적 규범입니다. 그러므로 그리스도인들이 준행해야 할 "도덕률"은 하나님의 도덕법 10계명관 예수 그리스도의 강령에 담긴 윤리적 규범이 결합된 도덕법칙인 것입니다.

9. 내세관이 다르다

1) 불교의 내세관

석가모니는 인생에 대한 여러 가지 질문을 무기(無記)로 규정하고 아무런 가르침을 주지 않았으며, 삶과 죽음에 대한 생각은 모두 억측이라고 했습니다. 즉, 석가모니는 인간의 자아, 영혼, 그리고 세상을 실체가 없는 허상이라고 했고, 그것들에게 집착하는 생각과 행위들을 무명(無明)이라고 했습니다. 그렇지만 현실적으로 불교에는 죽음에 대한 불명확하고 다양한 가르침들이 있습니다. 대표적인 예로서, 불교에서 진리를 성취한 성자는 절대 외부의 영향에 의해 죽음을 당하지 않고 스스로 자신의 죽음을 관리한다고 말합니다.

> 부처님의 임종은 죽을 때를 알고 죽는 것이 아니라 죽음의 시간과 방식, 장소를 스스로 선택합니다. 부처님의 죽음을 죽음이라고 말하지 않고 반열반이나 입멸이라고 말하는 이유도 여기에 있습니다. 부처님은 선정과 지혜가 완전한 분으로 태어남과 죽음을 자유자재할 수 있습니다. … 죽음을 당하는 것이 아니라 스스로 입멸하는 시간과 장소와 방법을 선택하여 죽음을 뛰어넘습니다. … 부처님은 선정 속에서도 자신의 육신과 마음의 법칙을 명료하게 관찰하고 만약 세상이 필요로 한다면 그 속에서

연꽃과 포도의
오해와 진실

나와 다시 수명을 연장하는 능력까지 지니고 있습니다.[88]

이와 같이 죽음을 극복하는 능력은 과거 생에 닦은 선행의 결과이며 공덕의 영향 때문이라고 주장합니다. 우리나라 대승불교의 법사들이 실제로 가르치는 죽음인식은 생자(生者)는 필멸(必滅)이고 모든 법(法)은 무상(無常)하기 때문에 찰나생멸론(刹那生滅論)을 주장합니다. 즉, 죽음이란 끊임없이 변화하는 현재의 육신과 마음 그 속에 이미 들어 있다는 것이 찰나생멸론입니다. 그래서 모든 생명은 매 순간 생멸(生滅)을 반복하며 존재한다는 것이며, 오늘까지 내가 살아왔다는 말은 오늘까지 죽어왔다는 말과 같다고 가르칩니다. 즉, 현재의 몸과 마음이 존재하려면 과거의 몸과 마음은 버려져야 하고, 살려면 죽어야 한다는 것이 생자필멸의 의미입니다. 그래서 불교는 영생하려면 영원히 죽지 않고는 불가능하다고 가르칩니다.[89] 그 이유는 기독교와 달리 불교에는 '사그라짐' 또는 '꺼진다'는 의미의 '열반'은 있어도 '부활' 즉 '몸의 부활과 영생'이라는 진리는 없기 때문입니다.

그래서 불교는 윤회를 가르칩니다. 불교에서 말하는 윤회는 육도윤회(六道輪廻)를 의미합니다. 즉, 사람이든 짐승이든 죽으면 욕계의 육도에서 삶과 죽음을 반복한다는 것입니다. 육도 중 첫째는 지옥도(地獄道)로써 육체적 고통이 가장 심한 세상을 말합니다. 둘째는 아귀도(餓鬼道)입니다. 지옥보다 육체적인 고통은 덜하지만 굶주림의 고통을 심하게 받

---

88   이제열, 『불교 기독교를 논하다』, (서울: 모과나무 2017), 216.

89   이제열, 『불교 기독교를 논하다』, (서울: 모과나무 2017), 222.

는 곳입니다. 셋째는 축생도(畜生道)로써 인간이 짐승으로 태어나 고통을 받게 된다는 것입니다. 여기서 짐승이란 네발 달린 짐승을 비롯하여 새·고기·벌레·뱀으로도 태어날 수 있다는 것입니다. 넷째는 아수라도(阿修羅道)입니다. 거기는 노여움이 가득 찬 세상으로서 남의 잘못을 철저하게 따지고 들추고 규탄하는 사람들이 태어나서 싸움만 하는 곳입니다. 다섯째는 인간이 사는 인도(人道)이고 사람으로 다시 태어나는 것입니다. 여섯째는 행복이 두루 갖추어진 하늘 세계의 천도(天道)에 다시 태어나는 것입니다. 그러므로 인간이 악업을 지어 지옥으로 떨어진다는 말은 지옥, 아귀, 축생으로 다시 태어난다는 말이고, 선업을 지으면 아수라도(阿修羅道), 인도(人道), 그리고 천도(天道)에 다시 태어나는 것입니다. 그러나 윤회의 여섯 세상에는 절대적인 영원이란 없기 때문에 한 곳에 머물지 않습니다. 그러므로 내세에서의 수명이 다하고 업이 다하면 지옥에서 인간도로 또는 천국에서 아귀도로 몸을 바꾸어서 태어나며, 육도의 세계에서 유한의 생을 번갈아 유지하게 된다는 것이 불교가 말하는 윤회(輪廻)입니다.

그리고 불교의 교의에 따르면, 우주와 세계는 욕계·색계·무색계의 삼계(三界)로 이루어져 있고, 그중에서 욕계는 지옥·아귀·축생·아수라·인간·천신의 육도(六道)로 이루어져 있습니다. 그래서 불교는 이 우주를 삼계육도(三界六道)라고 하며 앞의 세 가지는 나쁜 업을 이룬 생명체가 죽은 후 지나가야 할 길로서 삼악도(三惡道)라 부르고, 뒤의 세 곳은 좋은 업을 이룬 생명체가 죽은 후 지나가야 하는 길 즉, 삼선도(三善道)라고 부릅니다.

불교는 업(業)이 다른 생명체로 윤회할 때, 그곳이 천상일지 지옥일지 결정되는 기준이 십선업(十善業)과 십악업(十惡業)에 대한 윤리적 판단이라는 것입니다. 그리고 불교가 설명하는 고통스러운 지옥에서 태어날 사람과 행복한 천상에 태어날 사람을 판단하는 기준 또는 방법이 있습니다. 석승암 스님의 『윤회설과 후천세계』를 참고하면 이런 글이 발견됩니다.

> 불교에 의하면 우리들 마음은 아주 영묘(靈妙)한 바탕으로 거기에는 우리가 태어나서부터 목숨이 다하는 순간까지 우리 개개인이 한 짓(업: 業), 즉 몸(身: 신), 입(口: 구), 생각(意: 의)로 지은 모든 '짓'이 하나도 빠짐없이 정확하게 기록된다는 것입니다. 이 마음의 기록은 한시도 쉬지 않고 작동하며 한 번 기록된 것은 지워지는 일도 있을 수 없는 마치 '블랙박스'와 같은 것이라는 것입니다. 이 기록은 목숨이 다하는 순간 자동 컴퓨팅되어 그 사람이 평생 한 짓의 결과로 계산되는데 그 계산은 +, -, 0 즉 착한 짓(+), 악한 짓(-), 착하지도 악하지도 않은 짓(0)의 세 가지로 분류된다는 것입니다. 이렇게 분류되면 그 결과에 따라서 + 점수 즉 착한 일을 많이 한 사람은 인간의 세계보다 나은 하늘(天)의 세계에 가서 낳고, - 점수 즉 악한 일을 많이 한 사람은 인간의 세계보다 못한 지옥, 아귀, 축생 등의 세계에 낳으며 +, - 점수가 비슷한

사람은 다시 인간으로 태어난다는 것입니다.[90]

그러나 자아와 세계 그리고 영혼의 존재를 부정하는 불교가 가르치는 육도윤회는 인간 각자의 '영혼'이 윤회하는 것인지 '업(業)'이 윤회하는 것인지 윤회의 주체가 불분명합니다. 그리고 현대의 불교가 가르치는 윤회는 전혀 다른 논리로 비약하고 있습니다. 즉, 불교의 법사 이제열에 따르면 불교에서 윤회는 지금 이 순간 모든 생명들이 겪어야만 하는 필연적인 법칙이라고 합니다. 즉, 몸의 세포는 끊임없이 생성 소멸을 거듭하고 있으며 마음은 일어나면 곧 뒤바뀌어 다른 마음을 낳는다. 그리고 천상, 인간, 아수라, 축생, 아귀, 지옥의 여섯 갈래 윤회의 세계는 지금 이 순간 현실에 존재한다고 말합니다. 즉, 지금 이 순간에 오온(五蘊)이 행복하면 천상이요, 선악을 구별하면 인간이며, 분노를 일으키면 아수라이고 어리석으면 축생이며 고통스러우면 지옥이라는 것입니다. 그러므로 인간은 지금 이 순간 바로 거기서 천상을 만들기도 하고 지옥을 만들기며, 하루에도 헤아릴 수 없이 많은 세계를 떠돌며 태어나기도 하고 죽기도 한다는 것입니다.[91] 즉, 윤회는 죽어서 당하는 일이 아니라 현재 이 순간에도 끊임없이 발생하며 경험하고 있다는 것입니다.

이제열에 의하면 불교의 지옥에서 받는 형벌은 누가 대신 정해 줄 수도 없으며 내려줄 수도 없습니다. 스스로 짓고 스스로 받을 뿐입니다.

---

90   석승암 편, 『윤회설과 후천세계』, (서울: 촛불, 1994), 40.

91   이제열, 『불교 기독교를 논하다』, (서울: 모과나무 2017), 78-79.

불교의 지옥을 설명하는 데 있어 특별한 가르침은 지옥에 떨어진 중생일지라도 구제하여 좀 더 좋은 세상에 태어나게 해 줄 수 있다는 데 있습니다. 불교에서 이런 일을 하는 대표적인 존재가 지장보살이며 불교의 보살들은 지옥의 중생들을 교화하는 이들로 비록 지옥의 죄인들을 직접적으로 꺼내 줄 수는 없지만 지옥의 중생들이 지옥으로부터 스스로 벗어날 수 있도록 교화한다고 말합니다. 그리고 불교는 이와 같은 지장보살의 사랑과 능력은 누구나 실천 가능하다고 합니다. 즉, 누구라도 극락에 갈 수 있는 선행과 수행을 쌓게 되면 언제든지 지옥 속에 들어가 자신이 원하는 중생들을 제도하여 지옥으로부터 탈출시킬 수 있다고 합니다.[92]

그러나 이제열의 지옥론은 이중표의 지옥론과 크게 다릅니다. 즉, 이중표의 천상과 지옥은 인간의 선업 또는 악업과 밀접한 관계를 맺고 있지만, 이제열의 지옥론은 그 본질에 있어 실제가 아닙니다.[93] 즉, 꿈의 세계가 진실이 아니듯 이제열이 말하는 불교의 지옥은 미혹한 중생이 업으로 만든 환상의 세계입니다. 한마디로 지옥은 진리를 깨닫지 못한 중생이 업의 힘에 의해 꾸는 꿈에 불과합니다. 그래서 부처님처럼 진리를 깨닫게 되면 지옥은 더 이상 존재하지 않게 됩니다. 그런데 이제열은 지옥은 꿈이고 환상이라고 말하면서 불교의 지옥은 그 어떤 죄도 지은 만큼만 대가를 치르면 끝이 난다는 것입니다. 누구건 영원히 지옥에서 고통을 받는 자는 없으며 받을 만큼 받으면 좀 더 좋은 세상에서 태어나 복

---

92 이제열, 같은 책, 95-96.

93 이제열, 『불교 기독교를 논하다』, (서울: 모과나무 2017), 89-92.

락을 누릴 수 있게 된다고 합니다.[94] 그렇다면 이제열이 말하는 지옥에서의 고통은 실제인가 꿈이고 환상인가? 도무지 이해하기가 어렵습니다.

2) 기독교의 내세관

"성경"에 기초한 그리스도인의 죽음인식은 인간의 죽음을 자연적인 질서에 따르는 것으로 보지 않고, 하나님의 진노와 사랑에 의하여 부과되고 시행되는 것으로 본다. 그래서 인간이 경험하는 죽음은 두 가지 양상이 있습니다. 즉, 하나님의 진노로 부과되는 인간의 죽음은 그리스도의 낙원에 이르지 못하며 여호와 하나님과 영원히 갈라서는 두 번째 죽음의 길에 들어서는 것입니다. 그러나 하나님의 사랑에 의하여 시행되는 죽음은 병들어 연약해지고 고통으로 힘들어하는 육신에서 그 영혼을 해방시켜 주시는 하나님의 긍휼하심이 담겨 있습니다. 즉, 인간의 육신과 영혼을 고통 속에서 해방시키시고 그리스도의 낙원에 들어가서 쉼을 얻게 하는 하나님의 긍휼하심이 담겨 있는 것입니다. 그러므로 그리스도인들은 죽음의 실재를 두렵게만 생각할 것이 아니라, 오히려 죽음에는 하나님의 긍휼하심이 충만한 축복으로 생각할 수 있어야 합니다. 왜냐하면, 인간의 죽음은 선과 악을 구별하는 하나님의 창조질서에 순응하는 것이고, 무엇보다 하나님의 인간에 대한 사랑이 그의 영혼을 본향으로 인도하는 과정이기 때문에 그렇습니다.

---

94   이제열, 『불교 기독교를 논하다』, (서울: 모과나무 2017), 94.

그러므로 죽음 앞에서 심성이 교만하여 하나님에게 거역하는 사람은 죽음의 파괴적 체험을 두려움과 전율 가운데서 고통스럽게 맞이하게 될 것입니다. 그러나 죽음의 체험 아래서 자신을 낮추고 예수 그리스도를 의지하여 하나님의 '긍휼'하신 품안으로 피하는 사람에게는 하나님 아버지의 '부정(父情)' 즉, '아버지의 사랑'을 만나게 됩니다. 즉, 아버지의 부정을 만나게 된 사람에게 죽음이란 죄를 치료하는 수단이 되고 고통이 멈추는 시간이며. 죽음의 순간이 오히려 영생복락의 시작이 되는 것입니다. 따라서 자신에게 두려운 죽음이 닥쳐올 때 그리스도인은 "아버지 내 영혼을 아버지 손에 부탁하나이다"(눅 23:46)라고 기도하며 죽음을 감당하신 예수 그리스도를 본받아야 합니다. 또한 스데반 집사를 본받아 "주 예수여 내 영혼을 받으시옵소서"라고 기도하며 죽음을 맞이해야 할 것입니다(행 7:59).

그러면 죽음 후에 영혼은 어떤 상태일까? "성경"은 예수 그리스도께서 영접하는 영혼은 그와 함께 "낙원"에 있을 것(눅 23:43)이라고 말씀합니다. 그리고 그리스도를 영접하지 않은 영혼은 낙원의 바깥 어두운 데로 쫓겨나 거기서 슬피 울고 있을 것이라고 가르칩니다(마 25:30). 그리고 "성경"은 이 질문에 대하여 더 이상 자세한 가르침을 주지 않습니다. 그리고 가톨릭교회에서는 사람이 죽은 후에도 미처 회개하지 못한 죄의 속죄를 위해 '연옥'에서 고통을 당하며 죄 사함을 받는 기간이 필요하다고 가르칩니다. 그러나 "성경"은 '연옥'에 대하여 가르치지 않고 필자도 연옥설은 믿지 않으므로 그 논의는 생략하였습니다. 그래서 교부 아우구스티누스와 신학자 칼빈의 가르침을 생각해 봅니다. 아우구스티누스는 사람이 죽으면, 그가 부활할 때까지 은밀한 쉼터로 가게 되며 거기서 그 영혼은 몸으로 사는 동안에 이루었던 공적에 따라서 쉼 혹은 고통을 받는다고 말했습니다.[95] 그리고 칼빈은 우리의 영혼의 중간 상태에 대하여, 그리스도께서 죽은 자들을 낙원에 받아들이시고(요 12:32) 위로를 받게 하시며, 온전하게 된 성도들의 영혼은 의인의 복된 모임인 "아브라함의 품(눅 16:22)"에 이르게 된다고 했습니다. 그러나 악하여 버림받은 자들의 영혼은 의인들의 복된 모임과 반대로 합당한 고통을 당하다고 했으며, 그 외에는 하나님께서 감추신 사실이기에 더 이상 알 수 없다고 했습니다.[96]

그리고 기독교는 영생과 영벌이 실현되는 천국과 지옥이 있다고 믿으며, 그곳은 정의와 공의를 사랑하시는 여호와 하나님의 거룩하심과 전능하심이 현현(顯現)되는 곳이라고 믿습니다. 즉 천국과 지옥은 심판의 주 그리스도께서 약속하신 영생(永生)과 영벌(永罰)의 처소이며 천국은 의인에게 주실 영생의 상급이고 지옥은 악인에게 주실 영벌의 상급이 됩니다. 이와 같이 인간이 죽은 후에 천국에서의 복락과 지옥에서의 형벌이 예정되어 있는 것은 여호와 하나님이 거룩하시고 공의로우시기 때문입니다. 예수 그리스도께서는 천국에서 누릴 영생과 지옥에서 겪게 되는 영벌의 고통을 비유로 가르쳐 주셨습니다(마 13:13-14). 그리고 천국에서는 의인들이 해와 같이 빛날 것이고, 불법을 행하는 자들은 풀무불의 고통 속에서 울며 이를 갈게 될 것이라고 말씀하셨습니다(마 13:41-43).

95　아우구스티누스, 같은 책, 577.

96　칼빈, 『기독교강요』, (고양: 크리스찬다이제스트, 2007), 3. 25. 6.

그러면 영생과 영벌의 진정한 의미는 무엇인가? 영생은 살아 있는 동안 예수 그리스도를 알고 그를 믿음으로부터 시작되며 죽음 후 하나님을 대면하고 영원한 복락을 누리게 되는 것입니다. 그러므로 그리스도 안에서 영생을 얻게 되면 그리스도께서 하신 말씀 즉, "내가 부활이고 생명이니 나를 믿는 자는 죽어도 살아날 것이요"(요 11:25)라는 말씀이 성취되는 것입니다. 왜냐하면 하나님이 당신에게 그분 자신을 당신의 하나님으로 소개한다면, 당신은 죽었을 때에도 하나님을 대하여 살아 있기 때문입니다. 즉, 하나님이 진노 속에서 말씀하시든, 은총 속에서 말씀하시든, 하나님이 말씀을 건넨 사람은 누구든지 죽지 않는 것이 확실합니다. 왜냐하면 하나님은 살아 있는 예수 그리스도 안에서 자기를 믿는 사람들에게만 말씀하시기 때문입니다.[97]

그리고 영벌이란 악하게 살아온 사람이 죄의 문제를 해결하지 못하고 죽어서 받게 되는 지옥의 고통을 의미합니다. 그 사람은 자신의 목숨이 꺼져 가는 최후의 순간까지 구원의 주 예수 그리스도를 믿지 않고 창조의 주 하나님을 부정한 대가를 치르게 됩니다. 즉, 최후의 심판에서 영벌의 영생에 처해지는 자(마 25:46)는 고통스러운 지옥에서 영원히 살게 되며, 그것을 "성경"은 "둘째 사망"(계 21:8)이라고 가르칩니다.

97　알트하우스, 『루터의 신학』, (경기 고양: 크리스찬 다이제스트, 1994.

에필로그

　오늘날의 교회는 구원의 방주로 존재하는 것이 아니라 목사들의 입신영달을 위해 존재하는 것처럼 보입니다. 그리고 필자의 눈에는 오늘날의 사찰이 중생들을 위한 것이 아니라 출가한 불자들의 해탈을 위한 수행과 승려들의 안일한 삶을 위해 존재하는 것으로 보입니다.

　그리고 기독교인이든 불교도이든 자신의 궁극적실재가 가르친 진리와 규범을 청종하지 않는다고 생각합니다. 기독교인은 십계명과 예수 그리스도의 산상수훈을 청종하지 않고, 불교도들은 십선업과 팔정도를 실천하지 않는다고 생각합니다. 그리고 개신교 성직자들은 입으로는 이타적인 사랑을 가르치지만, 그 중 많은 이들은 이기주의적인 삶을 살고 있습니다. 그들은 자기를 부인하고 자기를 희생하면서 예수 그리스도를 따르라고 설교하면서 그들이 보여주는 실제의 신앙과 삶은 보다 많은 물질과 권세와 명예에 대한 탐욕으로 가득하다고 생각합니다.

　그리고 불교의 승려들이나 법사들이 석가모니의 가르침을 중심으로 불경을 가르치지만, 불자들의 삶에서는 그러한 석가모니의 가르침이 드러나지 않습니다. 오히려 불교는 석가모니의 가르침과는 전혀 다른 사람들의 생각과 교설을 가르치고 있다는 생각을 합니다. 대표적인 예로서, 신상을 만들고 그것을 섬기지 말라는 석가모니의 가르침을 따르지 않고 불교는 불상을 만들고 그 앞에서 절하며 소원을 비는 우상숭배의 종교가 되었습니다. 그리고 겉으로는 무아(無我)를 강조하면서 실제 신앙과 삶의 내용은 세속적인 탐욕과 갈애와 집착을 벗어나지 못하는 다양한 모습을 보여주고 있습니다. 석가모니께서 인간은 탐진치(貪瞋癡) 삼독(三毒)에서 벗어나야 하고 팔정도(八正道)를 걸어야 한다고 가르치셨지만 오늘의 불교인들은 그 가르침을 따르지 않는 것으로 보입니다. 또 영혼의 존재와 세상의 실체를 부정하는 불교의 사찰들이 시주(施主)와 공양(供養)을 받으려고 죽은 자들을 위해 불상 앞에서 사십 구제를 올려주는 행위도 석가모니의 가르침과 전혀 맞지 않는 불교도들의 외도라는 생각을 합니다.

그래서 필자는 이 기회를 통하여 불교와 기독교의 지도자들에게 한 가지 말씀드리고자 합니다. 그것은 종교 간에 분쟁이 발생하고 다툼이 잦으면 국가사회의 안녕과 발전은 이루어지지 않는다는 사실을 인지해야 한다는 것입니다. 왜냐하면 최후의 날 온 세상이 하나가 되는 종교적인 평화는 타협과 공존을 바탕으로 하는 현실의 역사적인 평화와 근본적으로 다르며, 전자를 강요하는 것은 후자의 가장 무서운 적이 될 수 있기 때문입니다. 그러므로 불교와 기독교는 서로의 세계관이 다름에 따르는 논쟁보다 서로의 차이를 이해하며 평화롭게 공존하려는 겸손한 자세와 태도를 견지해야 옳다고 생각합니다. 왜냐하면, 세계관의 충돌을 피하고 화평을 이루는 길은 대화와 소통을 통하여 상호간에 신뢰를 형성하는 그 길뿐이라고 생각하기 때문입니다. 그래서 필자는 다양한 종교적 심성이 어우러지며 발전하고 있는 우리 대한민국에서 가장 중요한 시민 예절은 개인의 신앙에 대한 상호존중이라고 생각합니다.

이제 다양한 종교가 공존하고 있는 우리 사회의 평화와 번영을 위하여

한 가지 의견을 제시하면서 이 글을 마치려 합니다. 사실 각각의 종교가 저마다 주장하는 세계관은 인위적으로 통제하거나 통일시킬 수는 없습니다. 그러나 대한민국이라는 국가공동체에서 국민이 반드시 지켜야 할 윤리도덕적인 규범은 국민적 합의를 통하여 제정되고 교육되어야 한다고 생각합니다. 그리하여 우리사회에서 '강제할 수 없는 것에 대한 자발적인 복종'이 일어나도록 하고 '내로남불'이라는 사고방식이 소멸되는 윤리도덕적인 개혁이 이루어져야 한다고 생각합니다. 필자는 이 어려운 일을 우리의 종교사회 및 교육계의 지도자들이 합력하여 해결해 주기를 진심으로 소원하며 이 책을 마무리합니다.

참고문헌

김중영 편저. 『불경은 저작자가 거의 없으며, 세기경은 창세기를 모방하였다: 불교와 기독교를 해부한다시리즈⑤』. 서울: 온누리선교회출판부, 2017.

석승암 편. 『윤회설과 후천세계』. 서울: 촛불, 1994.

우룡. 『불교의 수행법과 나의 체험』. 서울: 효림출판사, 2016.

이제열. 『불교 기독교를 논하다』. 서울: 모과나무, 2017.

이중표 역해. 『정선 디가 니까야』. 서울: 불광출판사, 2019.

이중표 역해. 『정선 맛지마 니까야』. 서울: 불광출판사, 2020.

정일웅. 『하이델베르그 요리문답서 해설』.

중현. 『불교를 안다는 것 불교를 한다는 것』. 서울: 불광출판사, 2021.

최준식. 『한국의 종교, 문화로 읽는다』. 경기: 사계절출판사, 1998.

아우구스티누스. 『아우구스티누스: 고백록과 신앙편람』. 원성현/조용석/백충현 역. 서울: 두란노아카데미, 2011.

알트하우스. 『루터의 신학』. 경기 고양: 크리스찬다이제스트, 1994.

조나단 색스. 『차이의 존중-문명의 충돌을 넘어서』. 임재서 역. 서울: 말글빛냄, 2010.

Collin Chapman. 『삶의 문제 해결을 위한 기독교적 답변』. 한상식 역. 서울: 나침반, 2001.

Geoffrey W. Bromiley. "The Trinity". ed. Everett F, Harrison. Baker's Dictionary of Theology. Grand Rapids, Mich.: Baker, 1960.

H. B. Hulbert.『대한제국 멸망사』, 신복룡 역. 서울: 평민사, 1984.

J. G. 보스&G. I. 윌리암슨.『웨스트민스터 대요리문답강해』.

존 칼빈.『기독교 강요』, 제2권 8장 35. 원광연 역. 경기 고양: 크리스찬다이제
  스트, 2008.

Matt Chandler.『완전한 복음』. 장혜영 역. 서울: 새물결플러스, 2013.

Nancy R. Pearcey.『완전한 진리』. 홍병룡 역. 서울: 복있는사람, 2006.

김종서. "현대 종교다원주의와 그 한국적 독특성 연구" 서울대학교 宗敎學研究.
  19. 2000.

연꽃과 포도의
오해와 진실